KB272809

예수의 논쟁사화

The controversy Dialogue of Jesus

예수의 논쟁사화

지은이 / 박태식
펴낸이 / 조유현
펴낸곳 / 늘봄
편 집 / 이부섭
디자인 / 오정은

등록번호 / 제1-2070 1996년 8월8일
주 소 / 서울시 종로구 충신동 189-11 동국빌딩 3층
전 화 / (02)743-7784
팩 스 / (02)743-7078

초판 1쇄 펴냄 2009년 3월 5일
    3쇄 펴냄 2010년 6월 25일
ISBN 978-89-88151-94-5 03230

예수의 논쟁사화

박태식 지음

클레의 그림엔 묘한 재미가 있다. 삶을 관조하는 듯, 엿보는 듯 작가의 여유가 돋보인다.
이 그림의 시선 처리는 마치 인간이 보는 세상과 예수님이 세상을 보는 시각의 차이를 연상시킨다.
논쟁사화의 분위기 그대로이다.

세네치오(파울 클레, 유화, 40.5×38cm, 1922년, 스위스 바젤미술관)

늘봄

머릿말

　'예수의 논쟁사화'는 오래전부터 필자의 관심을 끌어왔다. 합리적이고 과학적인 설명을 들어야 만족하는 현대인에게 역사의 예수를 설명하기에 아주 적합하다는 느낌이 들었기 때문이다. 쉴 틈 없이 제기되는 치밀히 계산된 질문들과 이론의 여지가 없는 현명한 대답들……, 논쟁사화는 우리의 지적 호기심을 시원하게 만족시켜준다.

　예수 주변에 몰려들었던 사람들 대부분은 정규 교육을 받지 못한 이들이었다. 그러니 예수에게 무슨 예리한 질문을 던질 수 있었겠는가? 세리, 병자, 창녀, 어부, 여자 등 죄인들의 처지가 다 그렇다는 말이다. 그런 상황에서 종교 지도자들이 예수의 논쟁과 대화 상대가 되었음은 당연한 이치다. 물론 제도권 종교지도자들이 예수와 논쟁을 즐겼으니 그들이 예수를 동료로 여겼을 가능성도 얼마든지 있다. 하지만 예수는 그들과 달리 재야의 종교인이었다.

예수는 사제 집단인 사두가이파도 아니었고, 학자들을 주로 배출한 바리사이파와는 율법 해석에 거리에 두었으며, 종교적·사회적 지도층이었던 장로도 아니었다. 또한 동떨어진 곳에서 수도생활에 정진했던 에세네파처럼 그리 경건해 보이지도 않았다. 그저 자신을 따르는 제자들과 이리저리 떠돌면서 하느님을 전하던 유랑 선교사였을 뿐이다. 그러나 한 가지 분명한 점은 이스라엘 백성 사이에서 예수의 인기가 엄청나게 높았다는 사실이다.

예수에게 위기감을 느낀 종교지도자들은 힘을 모아 그분과 일행을 공격하기에 이른다. 그들에겐 넘어야 할 벽이 있었는데, 섣불리 물리력을 쓰다간 자칫 예수의 가르침과 행동을 제지하려는 것으로 비쳐져 민중의 폭동을 유발시킬 수도 있는 노릇이었다. 실제로 당시 이스라엘에는 예수와 같은 재야 종교지도자들이 상당수 있었다. 알려진 인물로 세례자 요한과 유다와 튜다가 있는데 모두 제도권 종교 세력의 손에 제거되고 말았다(마르 6,17-29; 사도 5,33-37).

종교지도자들은 예수의 사이비 메시아 가면을 벗기기 위해 예수가 율법 규정에 걸려 넘어지게 만드는 방법을 택했다. 스스로 율법의 전문가로 여겼으니 이 방법을 쓰면 예수와 그 일행의 코를 납작하게 만들 수 있다고 여겼을 것이다. 종교지도자들은 논쟁을 벌이면서 종교적, 정치적,

사회적, 문화적으로 까다롭고 민감한 질문을 제기했다. 그러나 예수는 넘치는 지혜와 막강한 화술로 무장된 선생이었기에 어떤 질문에도 거침없는 답변을 내 놓았다. '예수의 논쟁사화'가 갖는 최고의 매력이다.

예수는 이상적인 지도자였다. 현대인은 무릇 권력과 지위를 앞세우는 지도자엔 저항감을 느낀다. 그보다는 오히려 무엇이든 지도자의 언행을 이성적으로 수긍할 수 있어야 동기가 부여된다. 지금은 비록 고압적인 자세의 종교지도자들이 한국 교회에서 판을 치고 있으나, 한 계단 내려와 이성에 호소하는 설득이 힘을 얻는 날이 반드시 오고야 말 것이다. 우리는 그 때를 미리 대비해야 한다.

이 책은 「생활성서」에 2008년 한 해 동안 '예수님의 논쟁사화'라는 제목으로 연재한 글들을 기반으로 씌어졌다. 다만 '6. 하느님의 시간'은 학문적으로 보다 전문적인 차원에서 해석학적 반성을 시도한 글이다. 성서본문은 『천주교 200주년 기념성서』(분도출판사. 2000)를 사용했는데, 직역의 원칙을 지킨 번역이라 본문분석이 용이했던 까닭이다. 책의 출판을 허락해준 늘봄의 조유현 사장에게 감사의 말씀을 드린다. 요즘 같은 시절에 쉽지 않은 일이다.

2009년 2월

박태식

1. 논쟁사화란 무엇인가?

1. 논쟁사화란 무엇인가?

예수는 다양한 방법으로 주변 사람들과 만났다. 타의 추종을 불허하는 기적을 행하는 놀라운 분이었고, 하느님 나라의 깊이를 알기 쉬운 비유로 설명하는 탁월한 이야기꾼이었으며, 다정다감한 대화로 제자들의 의문점을 풀어준 스승이었고, 갈릴래아에서 예루살렘까지의 그 긴 여정을 성공적으로 이끌어간 카리스마 넘치는 인물이었으며, 유대교의 본영인 예루살렘에서 채찍을 휘두를 정도로 두둑

한 배짱의 지도자였다. 그렇게 역사의 예수가 공생애 기간 동안 펼쳤던 행동과 말씀은 '기적사화' '비유' '단절어' '수난사화' '대담' '상징어' 등등의 문학양식으로 옷을 갈아입고 후대의 교회로 전달되었다. 네 복음서에 실린 예수 전승이 생겨나게 된 간단한 배경설명이다.

예수는 공생애 기간(대략 기원후 27/8~30년) 동안 종교지도자들로부터 주어진 많은 도전에 직면했다. 예수의 가르침과 행동 중 어느 하나라도 기존 종교 세력의 눈에 거슬리지 않는 게 없었을 테니 말이다. 그들은 갖가지 종교, 정치, 사회, 문화적 질문거리를 들고 예수에게 나아왔으며 그때마다 한바탕 설전이 벌어지곤 했다. 예나 이제나 가방끈이 긴 자들은 논쟁을 즐기게 마련이다. 그중에는 심지어 예수에게 자신들이 보는 앞에서 기적능력을 한 번 발휘해 보라는 고약한 요구를 하는 자들도 있었다. 즉, 하느님 표標 기적인지 아닌지 평가하겠다는 의도였다. 예수는 그들의 건방진 요구를 통렬하게 비웃어 주었다(마르 8,10-13). 이 과정을 좀 더 틀에 맞추어 추적해보자.

예수와 당대의 종교지도자들 사이에 열띤 논쟁이 벌어졌다. 논쟁은 우선 주제가 설정되면서 시작되고(Beschreibung des Streitobjektes), 적수들의 이의 제기가 있고(Einwand der Gegner), 예수가 반박하면서 마무리된다(Widerholung). 논쟁의 기본 틀이다. 또한 예수와 종교지도자들 사이에 벌어진 논쟁을 주변에서 듣고 본 이들이 후대에 사건을 전달하면서 전승(Überlieferung)이 형성되었을 것이다. 그렇게 형성된 전승들은 교회로 흘러들어와 교회전승(Kirchliche Überlieferungen)으로 자리 잡았고 복음서 작가들이 이를 수집하여 집필 자료로 사용했다. 그처럼 '논쟁사화(Streitgespräche)'는 네 복음서에서 얼마든지 추론이 가능한 전승단위이다.

예수에게 제기된 질문들을 살펴보면 실로 다양하다. 종교지도자들이 예수를 곤경에 빠트리려는 의도가 그만큼 집요했다는 의미가 우선이겠지만, 다른 한편 당시 이스라엘의 복잡한 사회상을 적절하게 반영하는 척도로도 작용한다. 네 복음서에는 모두 20여 편의 논쟁사화들이 실려 있는데 주제별로 분류하면, 율법, 관습, 구원, 예수의 정체 등으로 나눌 수 있다.

1) 율법

① 죄인을 부르러 옴(마르 2,13-17; 마태 9,9-13; 루가 5,27-32)

② 결혼과 이혼(마르 10,1-12; 마태 19,1-9)

③ 수혼법嫂婚法(마르 12,19-27; 마태 22,22-33; 루가 20,27-38)

④ 율법의 으뜸(마르 12,28-34; 마태 22,34-40; 루가 10,25-37)

⑤ 안식일 치유(루가 13,10-17)

예수와 종교지도자들이 벌였던 논쟁에서 '율법과 그 해

석'이라는 주제를 빼놓을 수 없다. 모세오경으로 대변되는 율법은 이스라엘의 종교, 정치, 경제, 사회, 문화 등 모든 분야를 아우르는 기준이었다. 그에 따라 율법을 가르치고 분석하고 적용하는 역을 맡았던 율사들은 백성들의 대단한 존경을 받았다. 예수가 종종 '율사'로 불린 것(마태 26,25.49; 마르 9,5; 11,21; 요한 1,38 등)도 같은 맥락에서 이해할 수 있다. 종교지도자들의 일차 관심은 예수의 별난 율법 해석이 어떻게 가능한가였다. 안식일 계명에 따르면 생업을 포기해야 마땅하고, 이혼과 재혼은 분명히 허락되고, 모든 병은 죄의 결과이며, 십일조를 엄격히 지켜야 한다. 하느님이 주신 율법에 문자로 또렷이 규정되어 있기 때문이다. 그런데 예수는 어느 것 하나 대수롭게 여기지 않았다. 도대체 무슨 생각을 하고 있는지?

2) 관습

① 단식(마르 2,18-22; 마태 9,14-17; 루가 5,33-39)

② 안식일 휴식(마르 2,23-28; 마태 12,1-8; 루가 6,1-5)

③ 정결례(마르 7,1-23; 마태 15,1-20; 루가 11,37-41)

④ 카이사르의 것과 하느님의 것(마르 12,13-17; 마태 22,15-22; 루가 20,20-26)

⑤ 간음한 여인(요한 8,1-11)

세상은 쉬지 않고 변한다. 한 때 절대 옳은 줄 알았던 주장도 세월이 지나면 변하기 마련이다. 율법규정도 예외는 아니라 시대가 바뀌면서 허점이 보이기 시작했다. 그처럼 어제의 율법규정이 오늘에 정확하게 들어맞지 않거나 보완이 필요할 땐 장로들이 나서서 활약했다. 그리고 정성 갸륵한 후배들은 선배 장로들의 견해를 '장로들의 전승'이라는 구전口傳으로 모아두었고, 이렇게 모여진 구전들이 기원 후 2세기경에 『미슈나』라는 책자로 완성되었다. '장로'란 이스라엘의 정신적 어른들을 일컫는 호칭으로 모세를 도와 70인 장로단을 구성한 바 있고 사회가 위기에 빠졌을 때 적절한 자문 역할을 담당했다. 이스라엘 사회가 시대에 따라 변하는 데 맞추어 그때그때 필요한 조언을 아끼지 않았던, 글자그대의 사회 원로들이다. 물론 저명한 율사들도 장로에 포함된다.

3) 구원

① 중풍병자를 고치심(마르 2,1-12; 마태 9,1-8; 루가 5,17-26)

② 영원한 생명(마르 10,17-27; 마태 19,16-22; 루가 18,18-23)

③ 거듭남(요한 3,1-12)

④ 도유사화(요한 12,1-11; 마르 14,3-9; 마태 26,6-13; 루가 7,36-50)

모든 종교인에게 구원처럼 궁금증을 불러일으키는 주제

는 아마 없을 것이다. 유대인들은 하느님과 인간의 관계가 철저히 율법에서 판가름 난다고 여겼다. 그래서 율법을 철두철미하게 지키면 과연 어떤 좋은 수가 생길까? 당연히 하느님으로부터 사후 보상이 주어져야하지 않겠는가? 그렇게 사고를 전개시켜 보면 부활의 당위성으로 생각이 미치게 된다. 이런 사고방식을 바탕으로 하여 바리사이들은 율법을 구원의 척도로 삼아 부활을 주장한 것이다. 그런데 예수는 부활과 보상이라는 차원에서 구원을 가르치지 않았다. 오히려 구원을 인간 실존의 변화로 바라보았다. 중풍병자와 부자 청년과 당대의 지식인 니고데모와 예수의 발에 값진 나르드 기름을 부은 여인에게 구원이란, 적어도 율법규정의 성실한 준수로 성취될 수 있는 성질의 것이 아니었다.

4) 예수의 정체

① 베엘제불의 하수인

(마르 3,22-30; 마태 12,22-30; 루가 11,14-23)

② 하늘의 표징(마르 8,11-13; 마태 12,38-39)

③ 엘리야 재림(마르 9,11-13; 마태 17,10-13)

④ 예수의 권한(마르 11,27-32; 마태 21,23-27; 루가 20,1-8)

⑤ 다윗의 후손(마르 12,35-37; 마태 22,41-46; 루가 20,41-44)

⑥ 최고회의의 심문(마르 14,53-65; 마태 26,57-68;

루가 22,54-55.63-71; 요한 18,12-18)

⑦ 아브라함의 후손(요한 8,48-59)

어느 날인가 예수는 제자들에게 사람들이 자신을 누구라 부르는지 알아오라고 했다. 요즘 식으로 말해 설문조사를 해 보라는 것이었다(마르 8,27-30). '세례자 요한' '엘리야' '예언자' 등의 답이 올라오자 예수는 묻는다. '여러분은 나를 누구라고 생각합니까?' 수제자 베드로가 나서 대답하기를 '선생님은 그리스도이십니다'고 한다. 우리말로 그리스도이지만 헬라어 발음으로는 '크리스토스'에 가깝고 이는 기름이라는 뜻을 가진 '크리스톤'에서 온 말이다. 즉, 무엇인가 '기름과 연관이 있는 사람'이다. 히브리어 '메시아'의 헬라어 번역이다. 예수에게 다가왔던 종교지도자들이 하나같이 품었던 의문은 '예수는 누구인가?' 였다. 메시아인가, 자칭 메시아인가, 재림한 엘리야인가, 인자인가, 아니면 악마의 괴수인가? 도대체 당신은 누구인가?

예수가 종교지도자들과 여러 가지 주제를 놓고 설전을 벌였던 것은 분명하다. 하지만 그 설전의 과정을 오랜 세월동안 정확하게 보존하기는 불가능했다. 우선 인간의 기억력이 갖는 한계 때문이고, 다음으로 전달과정에서 이런 저런 정황을 덧붙이다 보면 자칫 이야기가 곁 방향으로 흐를 수 있는 노릇이다. 그래서 고대 그레코-로만 시대에는 논쟁이 갖는 의미를 가능한 정확하게 전달할 수 있는 문학적인 틀, 곧 '논쟁'論爭이라는 문학양식文學樣式이 있었다. 이 논쟁 양식이 예수와 종교지도자들이 벌였던 논쟁에도 그대로 적용된다.

그레코-로만 시대의 '논쟁(디아렉시스, 혹은 담론談論으로도 번역함)'은 보통 네 단계로 구성된다. 먼저 ①상황묘사를 하는 중에 명제가 설정되어 논쟁의 주제가 밝혀지고, ②논쟁으로 끌려 들어온 이가 언술하는 과정에서 반명제가 나오고, ③유추해석이 가능한 예가 논증으로 제시되어 반명제의 권위가 더해지고, ④결어로 마무리된다. 라틴어로 짚어 주어야 만족하는 독자들을 위해 부언하면 Exordium-Narratio-Confirmatio-Conclusio의 단계가 있는 것이다(헬라어로 프로외미움-디에게시스-피스티스-에필로그). 예수와 종교지도자들의 설전이 논쟁 양식에 담겨 전달되어 '논쟁사화'로 자리 잡았음을 알려주는 대표적인 예가 마르 2,23-27에서 발견된다.

① 상황묘사와 명제 : [23]예수께서 안식일에 밀밭 사이를 지나가시게 되었다. 그런데 그분의 제자들이 길을 내면서 밀 이삭을 뜯기 시작했다. [24]그래서 바리사이들이 예수께 "보시오, 왜 이 사람들이 안식일에 해서는 안 되는 일을 합니까?"하고 말했다.

② 언술과 반명제 : [25]그러자 예수께서 그들에게 말씀하셨다. "다윗과 그의 일행이 궁핍하고 굶주렸을 때에 다윗이 어떻

게 했는지 당신들은 읽어 본 적이 없습니까?

③ 논증과 유추해석 : [26]에비아달 대제관 때에 그가 어떻게 하느님의 집에 들어가서, 제관이 아니면 먹어서는 안 되는 그 진설된 빵을 먹고 또 함께 있던 사람들에게도 주었습니까?"

④ 결어 : [27]이어서 그분은 이렇게 말씀하셨다. "안식일이 사람을 위해서 생겼지, 사람이 안식일을 위해서 생기지는 않았습니다."

아리스토텔레스에 따르면 '철학(필로소피아)'은 자연적, 이성적 질서를 탐구하여 체계화된 개념을 이끌어내는 반면, '수사학(레토레이아)'은 관습적인 요소들을 가려내어 분명하게 정리하는 데 간여한다. 여기서 '관습적인 요소'로 번역된 헬라어는 '노모스', 곧 법이다. 그런 맥락에서 예수와 율사들이 다투었던 문제들이 대부분 '율법'의 테두리에서 출발한다는 점은 시사해주는 바가 적지 않다. 즉, 하느님이 직접 주신 율법으로 무장된 법치 사회였던 이스라엘에서, 예수와 종교지도자들 사이에 벌어졌던 설전이 수사학의 대표 분야인 '논쟁' 양식에 담겨진 것은 당연했다는 뜻이다.

* 논쟁 양식에 대해서는 특히, 아리스토텔레스의 『수사학 III』(이종오 역, 리젬출판사, 2007, 13~19장)과 맥 B.L.의 『수사학과 신약성서』(유태엽 역, 나단, 1990, 제 2장)를 참고했음.

2. 율법

2. 율법

2.1. 저런 자들과 밥을 먹다니요

마르 2,13-17

　예수가 죄인들과 어울렸다는 사실은 그리스도인이라면 누구나 알 것이다. 하지만 '죄인들과 어울렸다'가 구체적으로 어떤 의미였는지는 정의내리기 어렵다. 죄인처럼 살았다거나, 죄인을 위해 한평생 바쳤다거나, 죄인을 차별하지 않았다 하는 식으로 간단히 치부하기엔 예수의 포용력과 확신이 끝 간 데를 모르기 때문이다.

죄인과 관련해 우선 떠오는 본문은 "인자가 와서 먹고 마시니까 '보아라, 먹보요 술꾼이며 세리와 죄인들의 친구로다' 하고 여러분은 말합니다"(루가 7,34; 마태 11,19)가 있다. 이는 예수가 자신에 대해 얻어들은 주변의 평가를 직접 말씀한 것으로 상당한 역사적 신빙성을 가지는 내용이다. 틀림없이 이런 식으로 비하하는 별명들은 예수의 적대자들이 붙였을 텐데, 적수들의 눈매가 오히려 매서운 법이다. 이제 그 별명들을 얻기까지 과연 무슨 일이 있었는지 살펴보도록 하자.

마르 2,13-17 ¹³예수께서 다시 호숫가로 나가셨다. 군중이 모두 모여 오자 예수께서 그들을 가르치셨다. ¹⁴그 뒤에 길을 지나가시다가 세관에 앉아 있는 알패오의 아들 레위를 보시고, "나를 따라라" 하고 말씀하셨다. 그러자 레위는 일어나 그분을 따랐다. ¹⁵예수께서 그의 집에서 음식을 드시게 되었는데, 많은 세리와 죄인도 예수와 그분의 제자들과 자리를 함께하였다. 이런 이들이 예수를 많이 따르고 있었기 때문이다. ¹⁶바리사이파 율법학자들은, 예수께서 죄인들과 세리들과 함께 음식을 잡수시는 것을 보고 그분의 제자들에게, "저 사람은 어째서 세리들과 죄인들과 함께 음식을 먹는 것이오?" 하고 말하였다. ¹⁷예수께서 이 말을 들으시고 그들에게 말씀하셨다. "건강한 이들에게는 의사가 필요하지 않으나 병든 이들에게는 필요하다.

나는 의인이 아니라 죄인을 부르러 왔다.”

의인이 그러면 곤란하지요

마르 2,13-17은 세부분으로 구성되어 있다. 우선 13절은
복음서작가 마르코가 만들어 넣은 ‘요약문’(Summarion)이
다. 마르코는 복음서를 집필하면서 군데군데 예수의 활동
을 간단히 정리한 요약문을 만들어 넣었다. 그가 요약문을
써넣은 목적은 무엇보다도 독자들의 이해를 돕기 위해서
인데, 자칫하면 독자들이 이야기의 흐름을 놓칠 수 있는
약점이 요약문을 통해 보완되기 때문이다. 그리고 요약문
에 예수의 활동을 정리했다는 사실을 뒤집어 생각해보면,
복음서작가의 예수 이해를 알 수 있다는 뜻이 되기도 된
다. 따라서 성서학자들이 복음서작가의 그리스도론을 파
악하는데 요약문을 중요한 잣대로 삼는다는 사실이 그리
놀라운 일이 못된다.

14절은 예수가 제자들을 발탁한 ‘소명사화’召命史話이다.
소명사화는 그레코-로만 시대의 문학 양식 중 하나로 스
승이 누군가를 만나 제자로 삼기까지의 과정을 고정된 문
학 틀에 맞춰 정리하는 것이다. 구체적으로 스승과 제자가
만나는 상황묘사, 스승이 제자에게 내리는 소명, 제자의
추종 등 3단계로 이루어진다. “그 뒤에 길을 지나가시다가
세관에 앉아 있는 알패오의 아들 레위를 보시고”(상황묘사),
“나를 따라라” 하고 말씀하셨다.(소명) 그러자 레위는 일어

나 그분을 따랐다.(추종)"

　15~17절은 우선 15~16절에 상황이 묘사되고 17절의 예수 말씀으로 끝을 맺는, 이른바 '전기적인 상황어' (Biographische Apophtegma : 불트만이 제시한 전승 단위로, 예수의 생애에 실제로 일어났음 직한 일을 다루며 여기에는 예수의 인간적인 모습과 그에 상응하는 내용이 담겨 있다)이다. 이곳에 예수와 종교지도자들이 벌인 논쟁사화가 끼어들어가 있다.

　바리사이와 율사들은 예수가 죄인과 세리들과 어울려 식사를 하는 모습을 보고 시비를 건다. 마침 예수는 '먹보에 술꾼'이자 '세리와 죄인의 친구'로서 자신의 모습을 유감없이 보여주고 있던 참이었다. 그들의 관심을 언뜻 살펴보면 의인인 예수가 죄인들과 한자리에 앉아 식사하는 모습을 책한 것 같다. 그렇다면 과연 의인으로 자처하는 유대의 종교지도자들은 죄인들과 어울려 식사를 하지 않았을까? 그렇지 않다. 복음서에 보면 예수와 죄인들과 종교지도자들이 누군가의 집에 한 데 어울려 이야기를 나누는 모습이 종종 발견된다(마르 2,1-12; 7,1-23 등). 물론 식사도 같이 했을 것이다.

　오늘날에도 유대인 가정에서 이방인을 초대할 경우 한 상에 둘러앉아 식사를 나누는 일이 비일비재하다. 문제는 어느 집에서 먹는가에 있다. 율법의 음식규정에 보면 먹을 수 있는 음식과 없는 음식의 목록이 작성되어 있다(레위 11장). 돼지는 굽은 갈라졌지만 되새김질을 하지 않아 피하고, 낙지와 문어는 비늘이 없어 꺼린다. 피엔 생명이 들어 있다고 멀리하고 목 졸라 죽인 짐승은 숨을 막았기에 꺼림칙하게 여겼다. 하지만 이는 어디까지나 먹을 것 못 먹을 것 가릴 여유가 있는 의인들의 경우이고 흔히 죄인들로 분류 되었던 하층민들이나 주변부 사람들은 이것저것 따질 처지가 아니었다. 산 입에 거미줄 치지 않으려면 돼지 삼겹살이라도 먹을 수밖에…….

예수가 식사를 하신 곳은 죄인의 집이었을 것이다. 그리고 종교지도자들은 그 집에서 예수에게 대접한 음식이 혹시 부정하지 않은지 의심스러운 눈으로 쳐다보았을 테고, 예수가 어떤 망설임도 없이 손에 들고 덥석 한 입 베어 물자 기다렸다는 듯이 시비를 걸었다. "저 사람은 어째서 세리들과 죄인들과 함께 음식을 먹는 것이오?"(16절)

이스라엘에서 유학한 동료의 말을 들어보니 요즘도 상황이 크게 바뀌지 않은 모양이다. 이스라엘 학생들과 같이 피크닉이라도 갈라 치면 우리가 정성스레 준비한 김밥에는 손도 대지 않고 우리 접시에 음식물을 담기도 거북해하고 그저 일회용 컵만 사용한다고 한다. 아마 김밥 속 소시지의 성분을 못 미더워했고 한국 사람이 준비한 접시 위에 어제 밤 어떤 음식이 놓였을지 몰라 걱정했던 것 같다.

위와 비슷한 상황이 갈라디아서에도 등장한다. 안티오키아 교회에서 이방인 죄인들과 어울려 식사를 하던 베드로가 율법을 철저히 지키는 '야고보의 사람들' 이 예루살렘에서 안티오키아로 출동했다는 말을 듣자 슬쩍 자리를 뜬

사건이다. 틀림없이 안티오키아에 살던 어느 이방인 교우
의 집에서 애찬(아가페 식사)을 나누던 중이었을 것이다. 그
때 위선자 베드로의 꼴을 못 보아 넘겼던 바울로가 한바탕
퍼부었다고 한다.(갈라 2,11-14)

누가 죄인인가?

마르 2,15-17은 전형적인 논쟁사화이다. 논쟁의 주제가
설정되고(15~16ㄴ절), 적수들의 이의 제기가 있고(16ㄴ절), 예
수가 반박한다(17절). 예수 당시 정황을 고려할 때 의인이
죄인의 집에서 식사를 하지 않는 게 상식이었다. 만일 그
렇게 하려면 여간 용기가 필요하지 않았을 것이다. 종교지
도자들의 질문에 예수는 두 가지 답을 한다.

"건강한 이들에게는 의사가 필요하지 않으나 병든 이들
에게는 필요하다." 이 말씀은 비단 이스라엘 뿐 아니라 고
대 지중해 권에 널리 퍼졌던 격언이었다. 풀다르크
(Apophth. Lacon. 230)와 디오게네스(Antisth. vi. I. 6) 외에 초
기 그리스도교 문헌에서도 널리 발견되기 때문이다(클레멘
스 후서 2,4; 바르나바서 5,9; 유스티누스의 호교론 I,15,8). 예수도 적
절한 때에 적절한 방법으로 이 격언을 사용했다. 다음으로
"의인이 아니라 죄인을 부르러 왔다"는 마치 의사가 병자
에게 필요하듯 예수 스스로 죄인에게 필요한 존재라는 사
실을 일깨워주는 말씀이다. 역시 늘 입에 오르내리는 표현
이었을 것이다.

예수와 동시대의 이스라엘 땅에서는 율법에 따라 모든 사람이 의인과 죄인으로 구분되었다. 세리, 목동, 어부, 창녀, 백정, 의사, 고리대금업자, 개똥수거꾼 등은 천한 직업을 가졌다고 하여 죄인으로 취급받았다. "가장 훌륭한 의사라 할지라도 그 사람은 지옥으로 떨어지게 되어 있으며, 아무리 품위 있는 푸줏간 주인이라도 아말렉 사람의 친구일 뿐이다."(『미슈나』 키두신 4,14) 특히, 의사가 죄인 취급을 받은 이유는(정확히 말해 '도둑질과 같은 직업'으로 천대받는 까닭은) 부자는 우대하면서도 치료비를 잘 내지 못하는 가난뱅이들은 소홀히 대했기 때문이라고 한다. 그런가하면 아예 태생 죄인도 있어 사생아, 앉은뱅이 같은 병자, 이방인, 사마리아 사람, 그리고 여자는 무조건 죄인 축에 끼었다.

나는 끝까지 갑니다

예수의 말씀에서 전향적인 자세를 엿볼 수 있다. 죄인의 지위를 의인 차원으로 끌어 올린다거나 죄인의 사회, 경제적 여건을 개선시킨다거나 하는 따위의 관심이 아니다. 그보다는 예수 자신의 소명에 대한 인식이 눈에 띈다. '나는 ~하러 왔습니다'에는 예수의 사명감이 십분 드러나 있다(마르 10,45 참조).

하느님은 무한한 사랑으로 죄인 모두를 포용하신다(루가 15,11-32). 선한 이에게나 악한 이에게나 햇빛과 비를 주시는 대자대비 하신 하느님이기 때문이다(마태 5,45). 죄인들을 위하여 왔으니 마치 의사가 병자에게 하는 것처럼 죄인들에게 필요한 사람이 되리라. 죄인들에게 의인이 되라고 강요하지 않겠다. 그 자체로 충분하다. 의사는 율법 규정을 가르치는 선생이 아니라, 그저 몸과 마음의 병을 고쳐 주는 사람일 뿐이다. "일곱 번까지가 아니라 일흔 번을 일곱 번까지라도 용서 하시오."(마태 18,22)

　'나는 이들과 끝까지 갑니다.' 지상에서 예수의 끝은 십자가였다.

2.2. 이혼이 불법인가요?

마르 10,1-12

마르코복음 10장은 갈릴래아에서 활동을 마친 예수가 수도 예루살렘으로 올라가던 길에 일어났던 사건들을 다룬다. 이른바 '예루살렘 상경기'다. 예수는 제자들과 함께 상경 길에 오른다. 이스라엘은 로마의 행정구역에 따라 북으로는 헤로데 안티파스가 다스리는 갈릴래아와 남으로는 로마 총독이 다스리는 사마리아와 유대로 나뉘어졌다. 따라서 갈릴래아에서 유대의 예루살렘으로 가려면 사마리아를 관통하는 게 가장 빠른 길이었다. 하지만 여행객은 굳이 요르단 강 동쪽 건너편으로 경로를 잡았는데, 이는 이방의 땅 사마리아를 밟지 않기 위함이었다. 물론 예수가 그런 식의 편견을 갖고 있을 리 만무니(요한 4장 참조), 1ㄱ절은 그저 복음서작가 마르코가 당시 풍습대로 일반적인 여행 루트를 옮겨 적은 데 불과하다("예수께서 거기서 떠나 유대 지역으로, 요르단 강 건너편으로 가시자 또 군중들이 그분께 모여왔다.").

주변에 군중이 몰려들자 예수는 늘 하시던 대로 그들은 가르쳤다고 한다. 1절은 흔히 복음서작가가 만들어 넣은 요약문으로 분류된다. 특정한 시점에 발생한 역사적 사실을 기록한 게 아니라 독자들을 위해 중간 중간에 내용 요약을 해줌으로써 글의 흐름을 놓치지 않게 도와주려는 편집 작업이다. 간단히 말해, 예수는 가는 곳 어디서나 인기 최고였다는 사실과 교사로서의 예수 모습을 강조하려는 복음서작가의 의도가 담겨있는 구절이다.

마르 10,1-12 ¹예수께서는 늘 하시던 대로 다시 그들을 가르치셨다. ²그런데 바리사이들이 다가와서는 그분을 시험하려고 "남편이 아내를 버려도 됩니까?" 하고 물었다. ³그러자 예수께서는 그들에게 "모세가 여러분에게 어떻게 명했습니까?" 하고 되받아 물으셨다. ⁴그들이 "이혼장을 써주고 아내를 버리는 것을 모세는 허락했습니다" 하자 ⁵예수께서는 이렇게 말씀하셨다. "모세는 여러분의 완고한 마음 때문에 그 계명을 여러분에게 남겼습니다. ⁶그러나 하느님께서는 창조의 시초부터 그들을 남성과 여성으로 만드셨습니다. ⁷이 때문에 사람이 자기 아버지와 어머니를 떠나 ⁸그 둘은 한 몸이 될 것입니다. 따라서 그들은 이미 둘이 아니고 한 몸입니다. ⁹그러므로 하느님이 짝지어 주신 것을 사람이 갈라놓아서는 안 됩니다." ¹⁰그 후 집에서 제자들이 다시 그 일에 대하여 예수께 물으니 ¹¹그분은 이렇게 말씀하셨다. "자기 아내를 버리고 다른 여자와 결혼하는 자는 그와 간음하는 것입니다. [12]또한 아내가 자기 남편을 버리고 다른 남자와 결혼해도 간음하는 것입니다."

아내를 버려도 됩니까?

바리사이들이 다가와 예수에게 이혼에 관해 난처한 질문을 던진다. "남편이 아내를 버려도 됩니까?" 사실 이 질문은 당시 정황을 미루어볼 때 그리 적절치 않다. 율법에 따르면 결혼을 얼마든지 무효로 만들 수 있었기 때문이었다. 신명기 24장 1절에 다음 규정이 나온다. "누가 아내를 맞아 부부가 되었다가 그 아내에게 무엇인가 수치스러운 일이 있어 남편의 눈 밖에 나면 이혼장을 써 주고 그 여자를 집에서 내보낼 수 있다." 그리고 비단 이 규정 뿐 아니라 '아내가 남편의 음식을 태우기만 했어도 소박할 수 있다' (힐렐 율사)나 '자기 부인보다 아름다운 부인을 발견하기만 해도 소박할 수 있다' (아키바 율사) 등의 규정 해설도 있었다. 율법 규정과 그에 대한 율사들의 황당한 해설까지 감안하면 결혼과 이혼은 유대인의 일상생활에서 익숙한 일이었음을 알 수 있다. 그러니 새삼스레 예수에게 남편이 아내를 버려도 되는지 물어본 것은, 질문 속에 예수를 곤경에 빠트리려는 의도가 이미 강하게 들어있는 셈이다.

바리사이들은 아마 평소부터 예수가 주장했던 바를 익히 알고 있었던 것 같다. 예수는 곧잘 이혼 불가 선언을 하셨는데 그 단편들이 여기저기 실려 있다(마태 5,31-32; 루가 16,18; 1고린 7,10-11). 따라서 예수의 입장을 잘 알고 있던 자라면 얼마든지 다음과 질문을 할 수 있었다. '선생님은 남편이 아내를 절대 버리면 안 된다고 누누이 말씀 하셨는데 저희로선 이해가 되지 않습니다. 만일 버릴 수 없다면 율법에 떡하니 씌어있는 규정을 어기는 게 될 테고 결국 율법을 우리에게 직접 주신 하느님을 부정하는 꼴 아닙니까? 하느님도 실수를 하시나요? 한 번 진지하게 이 문제를 우리에게 설명해 주실 주 있는지요? 도대체 남편이 아내를 버려도 됩니까?' 딱히 그 자리에 있진 않았지만 질문의 분위기는 충분히 짐작할 수 있다. '네, 혹은 아니오'로 대답할 수 있는 성질의 질문이 아닌 것이다.

예수는 난처한 질문을 피해가기는커녕 오히려 맞 질문을 던진다. 모세는 어떻게 말했는가, 즉 이혼에 대한 율법의 가르침이 어떠한지 물어본 것이다. 바리사이들은 속으로 쾌재를 외쳤을지 모른다. 안 그래도 이혼과 관한 율법 규정(신명 24,1)을 거론해 예수를 궁지에 몰아넣으려던 참인데 스스로 물어보다니! 그들의 귀엔 '철컥' 하고 예수가 자신들이 쳐놓은 덫에 정통으로 걸려드는 소리가 들렸을 터이다. "이혼장을 써주고 아내를 버리는 것을 모세는 허락했습니다." 일순간의 망설임도 없이 대답이 튀어나왔다. 물론 예수는 바리사이들의 교활한 의도를 충분히 알고 있었다. 따라서 덫에 걸린 게 아니라, 이를테면 정공법으로 맞섰다고 할 수 있다.

아내를 버리면 안 됩니다

예수의 대답엔 실로 굉장한 자신감이 들어있다. 우선 모세의 권위에 대한 예수의 입장이 눈에 띈다. 이스라엘에서 모세는 독보적인 위치에 놓여있다. 하느님의 선택을 받아 노예의 땅 이집트에서 이스라엘을 인도해냈고, 오직 이스라엘만을 위해 하느님이 제정하신 거룩한 율법을 시나이 산에서 직접 받아 전달한 인물이다(출애 20장). 이것만 보아도 하느님과 세상을 매개하는 이로서, 모세의 말이 곧 하느님의 말씀이라 할 수 있다. 아무려면 율법의 다른 이름이 '모세오경'일까! 모세라는 중개자를 제외시킨 채 율법을 거론할 수 없는 노릇이었다. 그런데 예수는 이스라엘의 '완고한 마음' 때문에 모세가 그 계명(신명 24,1)을 남겨놓았다고 말씀한다(5절).

여기서 '완고한 마음'은 헬라어 '스클레로카르디아'의 번역으로 '불순종'을 뜻하고, '남겨놓다'는 삼인칭 단수 과거 동사형 '에그랍센', 즉 '그가 썼다'이다. 말하자면 이스라엘 백성이 하느님의 명령을 따르지 않자 모세가 임의로 이 법을 제정했다는 것이다. 따라서 '이혼' 문제에 관해서는 모세가 추가한 규정이 아니라 하느님의 원래 의도로 돌아가 마땅하다. 예수가 하느님의 창조질서를 거론한 이유이다(6~9절).

창세 1,27과 2,24에 따르면 하느님은 남성과 여성을 만드셨고 결혼을 통해 하나가 된다. 비단 혼배 미사뿐 아니라 일반 주례사에서도 익히 들을 수 있는 구절이다. 신명 24,1에 대해 예수가 내린 해석의 독특성은 바로 거기에 있다. 예수는 한 가지 율법조항에 다른 율법조항으로 맞섰으며, 그 둘 사이에 놓인 간격을 적절하게 좁혀놓았다.

율사들의 전통적인 해석에 따르면 '모세오경'은 하느님께서 통합적으로 이스라엘에 한 번 선사하신 것이기에 자체적인 모순이 있을 수 없다. 십계명에 나오는 '안식일을 거룩하게 지켜라'(출애 20,8-11)와 '돼지를 먹지 말라'는 부정한 동물 규정(레위 11,7)을 비교해 보면 언뜻 안식일 법이 중요해보이나 둘 다 하느님이 주신 계명이기에(출애 20,1; 레위 11,1) 경중을 따지는 짓은 불경스럽다. 따라서 이스라엘은 하느님이 직접 주신 율법 규정 하나하나를 동등한 의무감으로 지켜야 된다. 만일 그렇지 않다면 하느님의 절대권위에 손상이 갈 수밖에 없다. 하느님의 명령에 인간의 가치 판단을 더할 수 있는 여지가 형성되기 때문이다.

예수는 달랐다. 예수는 율법 조항들 사이에도 경중을 따질 줄 아는 분이었다. 이혼이 가능하게 된 것은 결혼 제도를 농락하는 인간의 가증스런 행태를 보고 모세가 내린 해석에 불과하다. 비록 '모세오경'의 권위를 더하기 위해 마치 하느님의 말씀처럼 써놓았지만 어디까지나 이는 모세 개인의 견해일 뿐이다.

상위법과 하위법

예수의 한 마디로 철옹성 같던 모세의 권위가 여지없이 무너지고 말았다. 율법은 문자로 써진 규정이 중요하지 않다. 그리되면 자칫 문자에 얽매여 율법이 주어졌던 처음 정신을 놓치게 된다(문자만능주의). 불가피한 이혼의 경우를 따질 게 아니라, 인간을 남녀로 만들고 그 둘이 하나 됨으로써 세상을 완성해나가는 하느님의 창조질서를 먼저 생각해야 한다. 하느님이 맺어준 짝을 인간이 가를 수 없다. 그것이 하느님의 뜻이다.

마르 10,1-12는 신명 24,1의 이혼규정을 주제로 삼아 벌어진 논쟁사화이다. 하지만 이는 비단 이혼규정뿐 아니라 율법 전체에 대한 예수의 입장을 알려주는 가늠자 구실을 하는 본문이기도 하다. 율사들의 문자만능주의 법해석에선 발견하기 힘든 상위법/하위법 개념이 등장했기 때문이다. 그들은 모든 율법조항을 하나로 통합하는 조항을 찾아보려 노력을 기울여 보았으나(마르 12,28-34 참조) 모세의 권위를 희생시키는 모험까지 감행할 용기는 없었다. 예수의 법 해석이 갖는 장점은 '끝까지 간다'에 있다. 하느님의 뜻을 바르게 구축하기 위해서는 '창조질서'까지 가야 하는 것이다. 하느님 앞에서는 어떤 제도나 교리나 권위도 무용지물이다. 논쟁은 원래 거기까지다.

복음서작가 마르코는 한 발 더 나아가 "자기 아내를 버리고 다른 여자와 결혼하는 자는 그와 간음하는 것입니다.

또한 아내가 자기 남편을 버리고 다른 남자와 결혼해도 간음하는 것입니다”(11~12절)라는 말씀을 덧붙였다. 아마 자신의 공동체에 아내나 남편을 버리고 재혼하는 경우가 종종 발생했던 모양이다. 그래서 공동체 전체에 보다 분명한 선을 그어주기 위해 11~12절을 추가했던 것이다.

예나 이제나 제멋대로 사는 그리스도인들이 있기 마련이다.

2.3. 꼭 다시 오겠습니다

루가 10,25-37

루가 10,25-37은 논쟁사화 중에서도 모범적인 예에 해당한다. 어느 날 율사 한 사람이 예수에게 다가와 말을 건넸다(25절). 그러자 예수는 똑 떨어지는 대답 대신 오히려 율사의 생각을 물었고(26절) 그는 자신의 맘속 깊이 감추어 두었던 생각을 말한다(27절). 사실 이미 답을 갖고 있는 사람에게 더 이상 답이 필요 없으니 예수는 생각대로 하라는 충고를 한다(28절). 율사는 밋밋한 예수의 말씀에 심드렁해져 질문을 보다 구체화 시킨다(29절). 율사의 속마음을 간파한 예수는 마침내 한 가지 예화를 답으로 내놓는다(30~35절). 이처럼 반복되는 문답을 통해 진리를 찾아나가 제자의 통찰력을 키우는 교육 방법을 두고 흔히 산파술産婆術이라 하며, 고대 사상가 중에는 소크라테스가 산파술의 대가로 알려져 있다. 유대교의 율사들은 문답을 근간으로 하는 산 파술과, 사물의 이치를 하나하나 정확한 따지는 결의론決疑論을 적절하게 조화시켜 제자들을 길러냈다. 율사가 예 수에게 이웃의 개념설정이 모호하다고 따져 물은 것은 바 로 결의론적인 호기심이 발동한 까닭이었다. 그러니 루가 10,25-37은 예수가 율사들의 학풍을 방법론삼아 어느 율 사를 가르쳤다고 해석할 수 있다. 학자들의 일반적인 견해 이기도 하다. 거기에 더해 이것이 논쟁사화였을 가능성을 제시해보겠다.

루가 10,25-37 [25]그런데 마침 어떤 율법학자가 일어서서 예수 를 떠보려고 "선생님, 제가 어떻게 해야 영원한 생명을 물려 받을 수 있겠습니까?"하고 물었다. [26]그러자 예수께서 그에게 말씀하셨다. "율법에 무엇이라고 적혀 있습니까? 당신은 그 것을 어떻게 알아듣습니까?" [27]그가 대답하였다. "네 온 마음 으로, 네 온 영혼으로, 네 온 힘으로, 네 온 정신으로 너의 하느 님이신 주님을 사랑하라, 그리고 네 이웃을 네 자신처럼 사랑 하라." [28]그러자 예수께서 그에게 "올바로 대답했습니다. 그대 로 하시오. 그러면 살게 될 것입니다"하고 말씀하셨다. [29]그런 데 율법학자는 스스로 의로운 체하려고 예수께 "그러면 누가 저의 이웃입니까?"하고 물었다. [30]예수께서는 그 말을 받아 말 씀하셨다. "어떤 사람이 예루살렘에서 예리고로 내려가다가 강도들을 만났습니다. 그들은 그의 옷을 벗기고 매질하여 반 쯤 죽여 놓고 물러갔습니다. [31]마침 한 사제가 바로 그 길로 내려가다 그 사람을 보고는 피해서 지나가 버렸다. [32]또 레위 사람도 거기까지 왔다가 그 사람을 보고 피해서 지나가 버렸다. [33]그런데 길을 가던 어떤 사마리아 사람은 그의 옆을 지나다가 그를 보고는 가엾은 마음이 들어 [34]가까이 가서 상처에 기름과 포도주를 붓고 싸매어 주고는 자기 나귀에 태워 여관으로 데려가서 간호해 주었다. [35]다음 날 자기 주머니에서 돈 두 데나리온을 꺼내어 여관 주인에게 주면서 '저 사람을 잘 돌보아 주시오. 비용이 더 들면 돌아오는 길에 갚아 드리겠소' 하며 부탁하고 떠났다. [36]자, 그러면 이 세 사람 중에서 강도를 만난 사람의 이웃이 되어 준 사람은 누구였다고 생각하느냐?" [37]율법교사가 "그 사람에게 사랑을 베푼 사람입니다" 하고 대답하자 예수께서는 "너도 가서 그렇게 하라"고 말씀하셨다.

누가 제 이웃입니까?

"선생님, 제가 어떻게 해야 영원한 생명을 얻을 수 있겠습니까?" 모름지기 인간은 한 번 나고 한 번은 반드시 죽어야 하는 존재이다. 세상에 날 때야 자기 뜻이 아니었으니 별나게 생각할 필요가 없으나, 죽음은 전혀 다른 문제이다. 죽음 뒤에 버티고 선 거대한 어둠이 너무나 몸서리쳐지기에 인간이란 죽음을 두려워하게끔 되어 있다. 그런데 만일 영원한 생명(구원)을 얻을 수 있다면? 마치 도가道家에서나 나옴직한 질문을 이천년 전 유대 땅에 살던 율사가 던지고 있는 것이다.

“네 온 마음으로, 네 온 영혼으로, 네 온 힘으로, 네 온 정신으로 너의 하느님이신 주님을 사랑하라, 그리고 네 이웃을 네 자신처럼 사랑하라.”(27절) 하느님 사랑과 이웃 사랑으로 정의되는 ‘사랑의 이중계명’은 신명 6,5와 레위 19,18에 나오는 말씀으로 율사 자신도 익히 알고 있는 터였다. 한 가지 주목할 점은 ‘사랑의 이중 계명’이 루가복음에서는 율사의 입을 통해 나오는 반면 마르코 복음에서는 같은 내용이 예수의 입에 담겨 있다는 사실이다(12,28-34). 원래 상황은 다음과 같다.

어느 율사가 “모든 (계명) 중에 첫째가는 계명은 어떤 것입니까?”(마르 12,28절)라고 묻자 예수가 사랑의 이중계명을 말한다(마르 12,29-30절). 예수가 활동하던 때의 유대 땅에서는 모두 613가지의 계명이 통용되고 있었다. 이는 복잡하고 방대한 율법의 가르침을 간추린 것으로, 248개는 단순명령이고 365개는 금지명령이다.

예수 시대의 대 학자였던 율사 힐렐(대략 기원전 30~서기 10년)의 됨됨이와 관련하여 다음과 같은 이야기가 전해온다. 어느 이방인이 힐렐과 쌍벽을 이루던 율사인 샴마이에게 가서 물었다. “제가 한 발로 서 있는 동안에 율법을 가르쳐 주신다면 저를 개종자改宗者로 삼으셔도 좋습니다.” 그러자 샴마이는 그를 괘씸하게 여긴 나머지 막대기를 들고 쫓아냈다. 그 이방인이 이번에는 힐렐 율사에게 가서 같은 질문을 했더니 “당신이 당하기 싫은 일을 당신 이웃에게 하지 마시오. 이것이 율법의 전부요 나머지는 모두 풀이입니다. 가서 이것을 익히시오(황금률)"라고 답변했다(「바빌론 탈무드」, 샵바트 31a).

율법을 대하는 자세는 원칙적으로 샴마이 율사가 옳아 보인다. 비록 이방인이 '율법을 간단히 정리해 달라'는 요구를 했지만 모든 계명이 실은 하느님으로부터 온 것이니 계명들 사이에 경중을 따지는 일은 불가능하다. 그러나 힐렐 율사는 샴마이에 비해 대범한 인물이었기에 '황금률'로 율법을 간단히 정리할 수 있었다.

율법 중 첫째는 무엇인가? 탈무드의 예화를 볼 때 이 질문은 당시에 널리 유행하던 것으로 보인다. 또한 예수의 대답도 구약성서에 이미 나와 있다는 사실을 십분 감안할 때, 이 역시 당시에 흔히 사람들 입에 오르내리던 격언 류에 속한다고 보면 좋겠다. 즉, '사랑의 이중계명'은 예수의 독특한 발상이 아니라는 말이다. 따라서 "그렇다면 도대체 누가 저의 이웃입니까?"(29절)라는 율사의 연속 질문이 가능한 것이다. 바로 이 질문으로 인해 루가 12:25~37이 논쟁사화의 성격을 띠는데, 예수를 곤경에 빠트리려는 의도가 분명해지기 때문이다("율사는 스스로 의로운 체 하려고" : 루가 18,9; 20,20 참조). 그때 예수는 저 유명한 '착한 사마리아 사람'의 예화를 들었다. 사랑할 대상 중에 '하느님'에 대해서야 물어볼 필요가 없지만 '이웃'이란 사실 상당히 모호한 표현이다. 예수의 가르침이 갖는 독특성은 예화를 통해 '이웃의 범위'를 설정한 데 있다.

사마리아 사람

사마리아 사람은 유대인들로부터 천대받는 부족이다. 사마리아는 그들이 살았던 지역 이름으로 지역 명에 따라 부족 명이 붙여진 경우이다. 그들은 이방인과 혼인 관계를 맺은 바 있는, 말하자면 혼혈 민족이다. 그러나 마치 우리나라처럼 피의 순수성을 중요하게 여기던 유대인에게는 용납될 수 없는 일이었기에, 유대교라는 종교 영역에서 사마리아 사람들을 제외시키고 만다(대략 기원전 4세기). 그 후로 사마리아 사람은 성전 뜰에 들어가지 못하고 산 제물을 바칠 수 없다는 규정이 등장했으며 과월절의 무교병을 먹어서 안 된다는 규정까지 생겼는데, 이유는 머리가 워낙 나빠 그 의미도 모르고 먹기 때문이라고 했다(『바빌론 탈무드』, 키디쉬 편 76).

사마리아 사람은 이방인 노예보다도 한 단계 낮게 취급되었다. "내가 마음으로 증오하는 민족이 둘 있는데, 세 번째 것은 민족이라고도 할 수 없다. 블레셋과 세겜과 사마리아에 사는 어리석은 자들이다."(집회 50,25-26) 유대인들이 예루살렘으로 갈 때는 사마리아 지방을 거치게 되는데, 그때마다 사마리아 강도떼를 만나 곤욕을 치렀다고 한다. 그래서인지는 몰라도, 유대인들은 남북으로 여행을 하면서 사마리아 땅을 밟지 않기 위해 일부러 요르단 강 건너편으로 돌아가는 길을 택하곤 했다(마르 10,1 참조). 한 때 같은 민족이었다가 졸지에 이등국민으로 전락한 사마리아

사람들은 별 수 없이 자신들의 종교 전통을 따로 세워나가
야 했다. 그래서 모세 오경만을 경전으로 인정하고, 예루
살렘 성전에 반대하여 가리짐 산에 자신들의 성소를 지음
으로써 신앙의 중심지로 만들었다.

이스라엘에서 사마리아인들에 대한 평판은 매우 나빴
다. 하지만 오히려 사마리아 사람이 강도당한 이를 구함
으로써 상식의 역전이 이루어졌다. 게다가 정통 종교 세
력이었던 사제와 레위인이 황급히 자리를 떴다는 데서 아
마 청중들은 통쾌함을 맛보았을 것이다. 사실 율법에 정
통한 사람은 주검을 멀리하는 법이기는 했다. 그래서 주
검에 몸이 닿아 부정한 사람은 진영 밖으로 내쫓았고(레위
5,2), 정화 예식을 거쳐야 했다(레위 19,11-20). 특히, 사제들
은 죽은 이들에게 다가가 자신을 부정하게 만들어서는 안
되었다(에제 44,25). 그러나 예수가 제시한 상황에서 사제와
레위인이 취한 행동은 겁에 질려 친 줄행랑일 뿐이다. 따
라서 비록 그들은 율법규정에 따라 '부정한 사건'이 벌어
진 사건 현장을 뜬 것이지만 위선자의 본색이 백일하게
드러난 셈이다.

그에 비해 사마리아 사람은 강도당한 이에게 다가가 상
처를 치료하고 짐승에 태워 여관에 태워다주었다. 올리브
기름은 상처부위를 부드럽게 만들고 포도주는 소독 효과
가 있다고 하니 사마리아 사람의 응급치료 역시 쓸 만한
것이었다(2사무 16,2; 이사 1,6 참조). 사마리아 사람이 보여준
호의의 진가는 그 후에 나타난다. 그는 여행에서 돌아오는

길에 부족한 치료비를 갚아주겠다는 말까지 하는데 이를 통해 사마리아 사람의 진심이 잘 드러난다. 그는 일회성 호의에서 멈추는 게 아니라 끝까지 가는 사람이었던 것이다. 율사는 도리 없이 진정한 이웃으로 사마리아 사람을 인정하고 만다.

지치지 않는 사랑

'첫째가는 계명'을 주제로 한 마르 11,28-34를 집필 자료로 가져온 복음서작가 루가는 자료를 변형하고 살을 붙여 예루살렘 상경기(9,51-19,28)에 배치했다. 아마 죄인, 빈자, 여성, 이방인 등 주변부 사람들에 대한 하느님의 사랑을 강조하는 대목에 이 논쟁사화가 잘 들어맞는다고 여겼던 것 같다. 이 논쟁사화를 통해 우선 종교지도자들이 즐겨했던 기존 율법적용의 문제점이 드러난다. 강도당한 사람을 도울 것인가, 아니면 혹시 주검일지도 모르니 부정을 피해야 하는가? 사제와 레위인은 두 번째 길을 택했다. 영적 상처를 입은 이를 시간제한 없이 만나야 하는가, 아니면 정해진 상담시간표를 문 앞에 붙여두거나 전화 예약을 받을 것인가? 대부분 사제들은 기꺼이 두 번째 길을 택할 것이다.

예수는 '여행에서 돌아올 때 여관에 다시 들르겠다'는 사마리아 사람의 다짐을 통해 강도당한 이를 향한 그의 연민을 정을 돋보이게 만들었다. 예수는 어떻게 하면 사마리아 사람의 진심을 청중에게 잘 전달할 수 있을지 연구했을 것이다. 그래서 전체 이야기 전개에 직접 관련이 없는 사마리아 사람의 다짐을 첨가시켰다. 그리고 현장에서 예수의 이야기를 들었던 이들은 '여행에서 돌아올 때 여관에 다시 들르겠다'는 말에서 아마 큰 감동을 맛보았음에 틀림없다. 어느 모로 보나 예수는 탁월한 이야기꾼이다.

율사는 어쩔 수 없이 사마리아 사람을 진정한 이웃으로 지목하고 말았으니 논쟁의 승자는 분명 예수였다. 그러나 율사가 입었을 자존심의 상처는 쉽게 치유될 수 없었다. 사람들 앞에서 얼마나 창피를 당했던지 어느 율사는 예수에게 "선생님 그렇게 말씀하시면 저희를 모욕하시는 겁니다"(루가 11,45)라 했고 급기야 "율사들과 바리사이들은 앙심을 품고 그분께 여러 가지 질문을 던져 답변을 강요하기 시작했다. 그분 입에서 무엇인가 트집을 잡고자 그분을 지켜보고 있었던 것이다."(루가 11,53-54) 논쟁사화의 진면목을 잘 보여주는 구절들이다.

독일에서 만난 어느 부부는 해외에서 30명 이상 입양한 이들이다. 그것도 하나같이 지체 장애 아기들과 어린이들이다. 부부는 그들을 씻겨주고 입혀주고 먹여주고 재워주고 상처에 맺힌 고름을 입으로 빨아내느라 하루 온종일을 보낸다. 그러고도 앞으로 양자를 더 받아들일 생각이라 말했다. 꼭 그렇게까지 해야 하는가? 정도껏 해야지, 해도 해도 너무 지나치지 않은가? 부부 앞에서 그만 질리고 말았다. 하지만 예수는 그래야만 진정한 이웃이란다. 나의 깊

은 곳 상처를 발견하여 치료해주고, 무등 태워 안전한 곳
으로 인도하며, 조금도 변치 않고 끝까지 나와 함께 있는
사람이어야 한다. 아니, 나도 내 이웃에게 그런 사람인가?

2.4. 주일에도 일합니다

루가 13,10–17

　예수는 복음을 전파하시던 초기만 해도 여전히 안식일에 열린 회당 집회에 참석하곤 했다. 유대인의 종교전통을 철저히 따른 것이다. 하지만 예수는 회당에서 곧잘 분란을 일으켰는데, 이를테면 귀신을 내쫓고 병자를 고치고 하느님 나라를 선포하는 등 회당 집회를 엉뚱한 분위기로 몰아갔다. 루가 4,16-30의 기록에 따르면 "회당에 있던 남자들은 모두 이 말씀을 듣고 분통을 터뜨렸기에"(28절), 예수를 끌고나가 절벽에서 밀쳐 떨어뜨리려고까지 했으니 사태의 심각성을 능히 짐작할 수 있다.

　그 예수가 이번에는 회당장과 설전을 벌인다. 문제는 18년 동안이나 허리가 굽어있어 몹시 불편한 삶을 살아야 했던 여인으로부터 빚어졌다. 루가 13,1-17은 루가복음에만 있는 이른바 ‘루가의 특수자료(SL)’로 세분하면 10~13절은 곱사등이 여인을 고친 ‘치유기적사화’이고, 14~17절은 예수와 회당장 사이에 설전이 오가는 논쟁사화이다. 논쟁사화에서 오가는 논리 싸움은 치유기적사화의 양상을 이어받아 긴장감을 고조시킨다.

루가 13,10-17 ¹⁰예수께서 안식일에 한 회당에서 가르치고 계셨다. ¹¹마침 거기에 십팔 년 동안이나 병고의 영에 사로잡힌 여인이 있었는데 그는 허리가 굽어 도무지 펼 수 없었다. ¹²예수께서는 그 여인을 보시고 가까이 부르시어 “부인, 당신은 당신 병에서 풀려났습니다” 하시고 ¹³여인에게 손을 얹으셨다. 그러자 여인은 당장 허리를 펴고 하느님을 찬양하였다. ¹⁴그런데 회당장은 예수께서 안식일에 병을 고치시는 것을 언짢게 여겨 군중에게 “일해야 하는 날이 엿새나 있습니다. 그때에 와서 고치도록 하시오. 안식일에는 안 됩니다” 하였다. ¹⁵주님께서는 그에게 대답하여 말씀하셨다. “위선자들아, 너희는 누구나 안식일에도 자기 소나 나귀를 외양간에서 풀어내어 끌고 가서는 물을 먹이지 않느냐? ¹⁶이 부인은 아브라함의 딸인데, 보다시피 사탄이 그를 무려 십팔 년 동안이나 묶어 놓았다. 그런데 안식일이라 하여 이 묶음에서 풀려나지 말았어야 한단 말이냐?” ¹⁷예수께서 이렇게 말씀하시니, 그분에게 반대하는 사람들은 모두 망신을 당하였으나 군중은 모두 그분으로 말미암아 이루어진 그 모든 영광스러운 일을 두고 기뻐하였다.

법이오!

"예수가 회당에서 가르치고 계셨다."(10절) 이는 논쟁사화가 벌어진 상황을 설정하기 위해 루가가 만들어 넣은 구절이다. 예수가 살았던 그레코-로마 시대에 유행했던 기적 사화 양식은 흔히 네 단계로 구성된다. 기적의 수여자와 수혜자가 만나는 '상황묘사', 기적의 과정을 그린 '기적묘사', 그 기적이 틀림없이 일어났다는 사실을 증명하는 '기적실증', 그리고 '주변반응'이다. 10~13절은, 10~11절의 상황묘사, 12절의 기적묘사, 13절의 기적실증과 주변반응으로 이루어진 전형적인 치유기적사화이다.

기적을 보고나서 회당장은 당장 예수의 잘못을 지적한다. 주변의 모든 이들이 예수의 기적에 입을 다물지 못하며 하느님을 찬양한 것을 고려할 때 그가 냉정한 사람이라는 인상을 받게 된다. 회당 예배의 총지휘를 맡은 회당장(로쉬 하크네세트)은 독서와 설교를 할 사람을 정했고 집회 과정이 율법에 따라 올바르게 진행되고 있는지 주의 깊게 감독할 책임을 지고 있었다. 따라서 그가 예수의 행동에 건 제동은 회당장의 임무를 충실히 이행한 것으로 볼 수 있다. 왜냐하면 십계명의 안식일 규정에 따라 안식일에는 어떤 유의 생업에도 종사할 수 없기 때문이다(출애 20,9; 신명 5,13). 예수의 기적을 보고 예배에 참여한 모든 이가 정신 못 차릴 때조차 직업 정신에 투철했던 그에게 일단 경의를 표한다(14절).

회당장의 불평에 예수는 두 가지 논리로 반박한다. 하나는 소와 나귀에게 안식일에도 물을 먹이는 경우이고, 다른 하나는 곱사등이 여인도 존중받아 마땅한 인격체라는 이유이다.

사실 안식일이라도 당시 이스라엘에서는 소나 나귀에게 물을 먹였다. 다만 고삐를 잡아끌지 않고 나귀나 소가 가는 데로 놓아둔다는 단서가 붙어있었다. 즉, 고삐 달린 나귀와 소가 스스로 물을 찾아가 마실 때 고삐 잡은 사람이 그저 뒤를 쫓기만 했다면, 그가 고삐를 인위적으로 잡아당기지 않았으니 안식일 노동에 해당하지 않는다는 해석이 가능한 것이다(『미슈나』 사바트 5,1). 예수는 그런 율법해석을 두고 유대인들이 마치 안식일 규정을 철저히 지키는듯하나 실은 가축에게 물을 먹이는 등 제 잇속을 챙기는 작태를 비웃는다. 그 비슷한 말씀이 루가 14,4에도 나온다. 율법 해석의 선봉장으로 자처했던 회당장은 예수의 말씀에 분명 심기가 불편했을 것이다.

다음으로 예수는 여인을 '아브라함의 딸'로 부르며 병에서 풀려나야할 당위성을 강조한다(16절). 특히, 부정의문문 형태인 '풀려나지 말았어야 한단 말이냐?'에 사용된 비 인칭 동사 '데이'('~이 반드시 필요하다')는 하느님의 구원역사를 가리킬 때 사용하는 전문용어라는 점에 주목해야 한다. 이 여인의 치유는 하느님의 뜻이니, 지금 한가하게 안식일 규정이나 따지고 있을 때가 아니란 말이다. 회당장은 예수의 대답에 아마 넋이 나갔을지 모른다. 이제까지 이런 식의 율법해석을 듣도 보도 못했을 테니 말이다. 그가 정신을 찾도록 조금만 도움을 주자.

우리에게 내일은 없다

예수와 동시대의 이스라엘 땅에서 율법에 따라 모든 사람을 의인과 죄인으로 구분했다. 직업상 죄인이 있었고 태생 죄인도 있었는데(26쪽 참조), 단지 여성이라는 이유 하나만으로 여성은 무조건 죄인 축에 끼었다. 그리고 유대인들은 전통적으로 인간의 병은 죄에서 비롯된다고 가르쳤다(마르 2,1-12; 요한 9,1-3)는 사실도 기억해야 한다. 말하자면 18년 동안 곱사등이 신세로 살아야 했던 이 여인은 태생 죄인인데다가 병까지 앓고 있으니 죄인 중에서도 상죄인인 것이다.

예수는 그 여인을 서슴없이 '아브라함의 딸'이라 부른다. 아브라함은 잘 알려져 있다시피 유대인들에게는 민족의 조상이자 신앙의 조상이다. 그래서 유대인 정통 가문을 일컬을 때 '아브라함의 아들(후손)'이라는 용어를 즐겨 사용했다(2고린 11,22; 루가 19,10 참조). 우리 식으로는 아마 '단군의 후예'에 해당할지 모르겠다. 그런데 예수는 그토록 명예로운(?) 용어를 상 죄인인 여인에게 붙이신다. 그것도 '아브라함의 딸(튀가테르)'로 슬쩍 성별性別까지 바꾸어서 말이다. 경이로운 일이 아닐 수 없다. 여기서 우리는 예수가 가장 비천한 상태에 놓인 여인을 '딸'로 부른 사실에 눈길을 고정시킬 필요가 있다. 이 가련한 여인도 어엿한 아브라함의 후손으로 존중받아 마땅한 인격체인 것이다.

회당장은 예수에게 병 고칠 능력이 있다는 사실을 부정하지 않았다. 기적을 베푸는 놀라운 인물로 이스라엘 방방곡곡에 알려졌으니 새삼 예수의 능력을 문제 삼을 필요가 없었을 것이다. 그러나 안식일 규정은 달랐다. 안식일이 도대체 무슨 날인데 감히 그따위 능력을 과시하는가? 요즘 세상에도 시내 상가 곳곳에 '주일은 쉽니다' 라는 안내문구가 종종 눈에 띄곤 하지 않는가! 거기다가 거룩한 회당 안에서…….

신명 5,12-15 [12]안식일을 거룩하게 지켜라. 너희 하느님 야훼가 분부하는 대로해야 한다. [13]엿새 동안 힘써 네 모든 생업에 종사하고 [14]이렛날은 너희 하느님 야훼 앞에서 쉬어라. 그날 너희는 어떤 생업에도 종사하지 못한다. 너희와 너희 아들 딸, 남종 여종뿐 아니라 소와 나귀와 그 밖의 모든 가축과 집안에 머무는 식객이라도 일을 하지 못한다. 그래야 네 남종과 여종도 너처럼 쉴 것이 아니냐? [15]너희는 이집트 땅에서 종살이하던 일을 생각하여라. 너희 하느님 야훼가 억센 손으로 내리치고 팔을 뻗어 너희를 거기에서 이끌어 내었다. 그러므로 너희 하느님 야훼가 안식일을 지키라고 너희에게 명령하는 것이다.

신명기에 나오는 안식일 규정에서는 하느님이 이스라엘 백성을 노예생활에서 구해주었으니 '너희도 거느리는 식솔들에게 그렇게 하라'고 말한다. 안식일에 모든 인간은 반드시 쉬어야 한다. 그래서 식객이나 이방인이나 노예 등 하층민들도 고된 노동에서 벗어나 하루쯤 쉬어야 마땅하다. 자신들의 노예시절을 되새기면서 말이다. 신명기에 나오는 안식일 규정의 핵심은 사람이 사람답게 사는 날, 바로 인권이 회복되는 날이라 할 것이다.

복음서를 두루 살펴보면 예수가 회당에서 일으킨 문제의 으뜸은 단연 '안식일 규정 논쟁'이었다(루가 6,6~11; 14,1~6). 예수는 하느님의 날인 안식일에, 바로 하느님의 장소인 회당에서 자신의 입장을 분명히 밝힌다. 하느님의 장소가 인권탄압의 현장으로 바뀐 것이다. 지금 여기, 이 가련한 여인에게 하느님의 손길이 다가왔다. "안식일에 선한 일을 해야 합니까, 악한 일을 해야 합니까? 목숨을 구해야 됩니까, 죽여야 됩니까?"(마르 3,4)
내일이면 늦는다.

3. 관습

3. 관습

3.1. 단식 좀 하세요!

마르 2,18-22

사순절 기간이 돌아오면 다음과 질문을 받곤 한다. '사순절은 그리스도의 부활을 준비하며 기다리는 기간입니다. 그런데 교회는 마치 사순절 내내 지켜야할 금욕적인 생활 태도를 강조하는 데 전력을 기울이는 느낌입니다. 그런 (금욕생활을 통한) 신체적, 정신적 고통이 부활 축하의 전前과정으로 반드시 필요한가요? 가능한 한 행복을 추구하는 게 사람의 본성 아닌가요?' 교회가 막강한 힘을 갖고 있던 중세시대에 비해 사정이 판이하게 달라진 요즘의 그리스도인들이라면 누구나 당연히 제기할 법한 질문이다. 아무리 보수 신앙을 자랑하는 이라도 자신이 짊어지어야 할 종교적인 짐에 대한 이성적이고 정당한 설명을 필요로 하기 때문이다.

그리스도인들이 감수해야 할 짐 중에 아마 단식처럼 분명한 효과를 불러오는 고통도 없을 것이다. 이를테면, 유럽에서는 매주 금요일 점심에 생선을 먹는 관습이 있는데, 이는 예수가 십자가에 달린 성聖 금요일에 차마 입에 살살 녹는 안심 스테이크를 즐길 수 없다는 생각에서이다. 하지만 한국에서 유럽으로 건너간 가난한 유학생들에게는 금요일 점심식사가 오히려 맛있는 송어요리를 얻어먹을 수 있는 기회이니, 아이러니라 할 수 있다.

역사의 예수는 단식에 대해 분명한 입장을 취했다. 단식을 주제로 벌어진 논쟁사화를 우선 읽어보자.

마르 2,18-22 [18]요한의 제자들과 바리사이들은 단식하곤 했다. 그래서 사람들이 와서 예수께 말하기를 "요한의 제자들과 바리사이들의 제자들은 단식하는데, 어찌하여 당신의 제자들은 단식하지 않습니까?" 하였다. [19]그러자 예수께서는 이렇게 말씀하셨다. "혼인잔치 손님들이 신랑이 함께 있는 동안 단식할 수 있습니까? 그들 가운데 신랑이 있는 동안에는 단식할 수 없습니다. [20]그러나 그들이 신랑을 빼앗길 날이 올 것입니다. 그러면 그때 그 날에 가서는 그들도 단식할 것입니다. [21]아무도 생베 조각을 헌옷에 대고 깁지 않습니다. 그렇게 하면 헌옷에 기워댄 새 헝겊이 그 옷을 당겨 더 형편없이 찢어집니다. [22]또한 아무도 새 포도주를 헌 가죽부대에 넣지 않습니다. 그렇게 하면 포도주가 그 가죽부대를 터뜨려 포도주도 가죽부대도 못 쓰게 됩니다. 그러므로 새 포도주는 새 가죽부대에 넣는 법입니다."

단식

유대인들은 주기적으로 단식을 했다. 구약성서의 율법서(토라 : 모세오경)에 보면 '속죄의 날'에 모든 유대인은 반드시 단식을 했고(레위 16,29이하; 23,27이하), 바빌론 유배(기원전 587~538년) 이후의 기록에 보면 매달 4, 5, 7, 10일에 단식을 했으며(집회 8,19), 부림절 역시 단식을 동반하는 절기였다(에스더 9,20-32). 단식 전통은 신약성서 시대까지 이어져 예수와 동시대의 유대인들은 주중에 월요일과 목요일에 단식했다고 한다(디다케 8,1; 루가 18,12). 그처럼 단식이란 유대인이라면 당연히 지켜야할 의무였다.

단식을 해야 할 이유는 크게 두 가지인데, 바로 속죄와 간구이다. 유대인들에게 단식은 자신이 죄인임을 인식하는 행위이며(1사무 7,6), 또한 단식을 통해 자신이 참담한 처지에 놓여있음을 표현함으로써 하느님의 은총을 간청한다. 단식은 하느님의 진노를 피할 수 있는 첩경이며(예레 14,12; 36:6~9; 요엘 2,12.15이하) 죄의 위험에 다시는 빠지지 않게 도와달라는 절박한 기도이다(에스더 4,16; 2열왕 20,3; 1마카 3,47). 그처럼 단식은 유대인에게 있어 중요한 종교행위였기에 가능한 한 몸과 마음을 진지하게 가다듬은 상태에서 단식에 돌입해야 마땅했다.

어느 날인가 분명 단식이 갖는 종교적인 의미를 자세히 알고 있었을 법한 자(종교지도자?)가 와서 예수에게 질문을 던진다. "요한의 제자들과 바리사이들의 제자들은 단식하는데, 어찌하여 당신의 제자들은 단식하지 않습니까?"(18절) 이 질문에 대한 예수의 첫째 답은 "혼인잔치 손님들이 신랑이 함께 있는 동안 단식할 수 있습니까?"(19절)였다. 아마 질문자는 세례자 요한의 제자들이 하는 단식을 염두에 두었던 것 같다. 세례를 통한 대 각성 운동을 펼친 요한의 됨됨이를 보면 금욕적인 생활을 했던 게 확실하니 말이다(마르 1,6).

예수는 단식을 하지 않는 이유를 혼인잔치에서 찾는다. 유대인들에게 '혼인잔치'란 종말에 벌어질 메시아 잔치의 은유인데, 이런 식의 개념을 두고 흔히 상징어(Bildwort)라 부른다. 신학적 반성이 들어있는 개념이라는 뜻이다. 이 말씀을 곧이곧대로 따르면 예수는 메시아이니 지금 이 자리에서 구원 잔치가 벌어지고 있다는 뜻이 된다. 이어 나오는 대답인 "그들이 신랑을 빼앗길 날이 올 것입니다. 그

러면 그때 그날에 가서는 그들도 단식할 것입니다"는 예수
의 죽음과 부활과 승천 이후를 겨냥한 내용으로, 장차 이
루어질 그리스도인들의 단식은 유대인의 기존방식과 다르
리라는 사실을 미리 내다본 말씀으로 풀이할 수 있다(19절).
실제로 1세기 시리아 지역 그리스도 교회의 신앙교리서인
『디다케』 8장 1절에 보면 "여러분의 단식은 위선자들과 함
께 하지 마시오. 이들은 주간 둘째 날(월)과 다섯째 날(목)에
단식하니까, 여러분은 주간 넷째 날(수)과 준비 일(금)에 단
식하시오"로 되어 있다. 즉, 교회에서 단식을 하기는 하되
유대인들의 단식과 요일 차이를 두라는 것이다. 앞뒤가 빈
틈없이 착착 들어맞는 내용이라 하겠다.

새 덧감, 새 자루

앞뒤가 착착 들어맞는다! 그런 경우, 필자는 조금 불안해
지는 습성을 갖고 있다. 누구인가 전승 과정에서 나름의
편집의도를 갖고 본문을 짜 맞추었을지 모른다는 느낌 때
문이다. 특히, 논쟁사화를 마무리 짓는 21~22절을 읽으면
그 느낌이 더욱 뚜렷해진다. 21~22절에는 두 가지의 생활
지혜 담겨있는데, 하나는 옷이 헤진 곳에 '새 덧감'을 대
는 경우이고 다른 하나는 발효되기 전의 포도즙을 가죽으
로 만든 '새 자루'에 담는 경우이다. 물론 새 헝겊 때문에
낡은 옷은 쉽게 찢어질 테고, 발효되느라 거품이 부글거릴
때의 압력을 견디려면 새 가죽자루를 사용해야 한다. 예수

의 말씀에서 '새 것'은 언제나 하느님의 나라를 의미한다 (마르 1,27; 14,25; 16,17). 하느님의 나라에는 무엇인가 '새로 움'이 담겨 있기 때문이다. 그런데 하느님 나라의 '새로 움'이 고작 단식의 요일을 월, 목에서 수, 금으로 바꾸라는 차원에 머물까? 예수답지 않은 말씀이다.

마태복음에 따르면 예수는 단식을 단식처럼 보이지 않게 하라는 가르침을 준 바 있다.

> 마태 6,16-18 [16]여러분은 단식할 때에 위선자들처럼 침통한 표정을 짓지 마시오. 사실 그들은 단식하고 있다는 것을 사람들에게 드러내려고 자기들의 얼굴을 찌푸립니다. 진실히 여러분에게 이르거니와, 그들은 이미 자기들의 보수를 받았습니다. [17] 당신이 단식하려거든 당신 머리에 기름을 바르고 당신의 얼굴을 씻으시오. [18]그리하여 당신이 단식하고 있다는 것을 사람들에게 드러내지 말고 숨어 계시는 당신 아버지께 드러내시오. 그러면 숨은 일도 보시는 당신의 아버지께서 당신에게 갚아 주실 것입니다.

예수는 단식할 때 제발 티를 내지 말라고 당부하면서, 단식이란 궁극적으로 단식하는 이와 하느님, 둘 사이의 문제라는 사실을 환기시킨다. 드러내놓고 과시해야 알아채는 주변사람의 눈이 아니라 숨은 일마저 보시는 하느님의 눈에 드는 단식만이 참된 것이다. 단식의 이유를 잘 밝혀놓은 말씀이다.

그런 맥락에서 보면 1세기 교회에서 이루어질 단식을 예견한 20절의 말씀은 후대 교회에서 이루어졌던 단식 관행을 예수의 말씀에 거꾸로 투사한 경우, 즉 사후 예언(vaticinium ex eventu)으로 간주할 수 있다. 이 논쟁사화는 20절을 빼고 읽는 게 오히려 자연스럽다는 말이다.

자유

예수에게 질문을 던진 이들은 예수와 제자들의 행동거지를 이해하기 힘들었을 것이다. 단식은 오래전부터 내려오던 종교전통으로 유대인이라면 누구나 지켜 마땅한 율법 규정이었다. 그런데 예수의 제자들은 바리사이의 제자들이나 요한의 제자들처럼 단식 전문가가 되기는커녕, '먹보에 술꾼' 이라는 별명까지 붙여졌다(마태 11,18-19). 단식이 이상적인 종교행위로 장려되던 당시 풍조에서 그런 별명을 얻었다면 그 이유는 단 하나, 바로 예수의 가르침과 행동방식에서 제자들이 단식 규정을 차버릴 정도의 자신감을 얻었기 때문일 것이다. 사실 바리사이들은 평소부터 시도 때도 없이 부정한 음식물을 입에 넣었던 예수 일행을 고깝게 보아오지 않았던가(마르 7,1이하)!

하느님 나라는 새로운 질서를 필요로 한다. 복잡하고 지난한 단식 규정은 옛 것에 불과하다. 인간은 무엇인가 법으로 정해진 행위를 하면서 맘에 안식을 찾고 문자화된 규정을 철두철미하게 지킴으로써 하느님의 은총을 얻을 수 있다는 기대를 갖는다. 하지만 예수의 가르침에 따르면 '행업'(단식)을 통해 하느님의 은총을 구하는 것은 잘못된 사고방식이고, 오히려 단식 규정의 정신으로 돌아가야 한다. 구약시대의 이사야 예언자가 날카롭게 지적했던 것처럼 말이다(이사 58장). 불붙는 가치 논쟁이 시작된 셈이다.

행업을 통해 무엇인가를 이루어보겠다는 집착의 포기에서 우리는 자유를 얻을 수 있다. 불교의 고승들은 자유자재로 육식을 즐긴다고 한다. 도통한 것이다. 예수의 제자들이 과연 어느 정도나 도통했는지 자세히 알 수 없지만 아무튼 '먹보에 술꾼'은 이만저만한 영혼의 자유를 누리지 않고는 붙이기 불가능한 별명이다. 예수의 가르침이 갖는 박력은 바로 거기에 있다.

'집착에서 벗어나 자유를 누려라!'

아시아 문화권에 살고 있는 우리에겐 참으로 편하게 다가오는 말씀이다.

3.2. 제자들이 하는 짓 좀 보시오

마르 2,23-28

예수는 공생애 기간에 종교지도자들과 수시로 부딪쳤다. 성전에서, 회당에서, 거리에서, 집에서 그리고 들판을 걸어갈 때조차 충돌이 벌어졌다. 하느님의 부르심을 받아 출가한(마르 1,9-11) 예수는 제자들을 선발하고(마르 1,16-20) 그들과 함께 하느님 나라의 전파를 시작해(마르 1,14-15) 삼년간의 공생애를 예루살렘에서 마감했다(마르 14~16장). 종교지도자들 역시 공생애 내내 예수 주변을 맴돌았는데, 아마 당시 이스라엘에 살았던 누구보다 예수와 그 일행의 일거수일투족에 관심이 많았을 것이다.

예수와 종교지도자들 사이의 논쟁은 주로 율법의 해석을 두고 벌어졌다. 사실 예수가 하느님 나라를 선포했다고 하여 전혀 새로운 상황이 설정되었다고 보아서는 곤란하다.

유대인이 누리는 삶의 치열한 현장에는 언제나 율법과 그에 대한 해석이 놓여있었기 때문이다. 이제 다루게 될 본문은 예수와 종교지도자들 사이에 벌어졌던 논쟁의 정체를 분명하게 보여준다. 즉, 논쟁의 진행상황과 하느님나라에 대한 예수의 입장이 간결하고 정확하게 드러나는 본문이라는 뜻이다.

마르 2,23-28 [23]예수께서 안식일에 밀밭 사이를 지나가시게 되었다. 그런데 그분의 제자들이 길을 내면서 밀 이삭을 뜯기 시작했다. [24]그래서 바리사이들이 예수께 "보시오, 왜 이 사람들이 안식일에 해서는 안 되는 일을 합니까?" 하고 말했다. [25]그러자 예수께서 그들에게 말씀하셨다. "다윗과 그의 일행이 궁핍하고 굶주렸을 때에 다윗이 어떻게 했는지 당신들은 읽어본 적이 없습니까? [26]에비아달 대제관 때에 그가 어떻게 하느님의 집에 들어가서, 제관이 아니면 먹어서는 안 되는 그 진설된 빵을 먹고 또 함께 있던 사람들에게도 주었습니까?" [27]이어서 그분은 이렇게 말씀하셨다. "안식일이 사람을 위해서 생겼지, 사람이 안식일을 위해서 생기지는 않았습니다. [28]그러므로 인자는 또한 안식일의 주인입니다."

수확인가 탈곡인가?

어느 안식일에 예수와 제자들이 들판을 지나고 있었다. 이후에 벌어지는 상황을 볼 때 종교지도자들 역시 동행하고 있었던 것으로 보인다(24절). 일행의 이동 중에 "제자들이 길을 내면서 밀 이삭을 뜯기 시작했다."(23절) 그런데 바리사이들이 제자들의 행동을 보고 시비를 걸었다. 예의 안식일 규정이 문제였다. 십계명의 제4계명에 따라 안식일에 노동을 하지 않는 게 원칙이다. 하지만 그렇다고 해서 안식일에 일상생활마저 포기하라는 뜻은 아니다. 오히려 안식일은 하느님께서 모든 백성 중에 이스라엘을 선택하신 것을 기념하는 날(출애 20,11)로, "그들은 먹고 마시며 하느님이 창조하신 만물을 찬양하고 가장 좋은 옷을 입어야 한다"(Jub 2,21). 즉, 안식일엔 기쁨이 넘쳐나야 하는 법이다.

왜 제자들은 길을 내면서 밀 이삭을 뜯었을까? 이유를 찾는 간단한 방법은 예수의 논증을 참고하는 것이다. 예수는 제자들의 행동을 나무라는 바리사이들에게 다윗의 일화를 들려준다(25~26절. 1사무 21,1-10 참조). 일화를 보면 굶주린 다윗의 일행이 하느님에게 진설된 빵에 손을 댔으니 제자들 역시 배가 고파 밀 이삭을 뜯어 먹었으리라는 추측이 가능하다. 그래서 마르코복음을 집필 자료로 사용한 마태오는(마태 12,1-8) 정확성을 기하기 위해 "제자들이 굶주린 나머지 이삭들을 뜯어서 먹기 시작했다"(1절)를 첨가했다. 과연 하늘나라의 제자가 된 율사로 자처한 복음서작가 다운 솜씨다(13,52 참조). 마태오의 설명을 존중할 때 제자들은 배가 너무 고파 주인의 허락도 없이 남의 밀 이삭에 손을 댄 셈이다.

　같은 본문을 집필 자료로 사용한 복음서작가 루가(루가 6,1-5) 역시 23절을 "제자들이 이삭을 뜯어 손으로 비벼먹었다"로 바꾸었다. 굶주려서 이삭을 뜯었는지는 분명치 않지만 아무튼 이삭에서 겨와 낟알을 분리해 낟알만 입에 털어 넣었다는 뜻이다. 마태오와 루가는 분명 마르코보다 세심한 성격을 가졌던 것 같다. 무엇인가 애매모호한 표현을 정확하게 풀어내려 했으니 말이다. 이를테면, 다윗 일화의 성경 원문에 보면 마르 2,26의 '에비아달' 대제관이 아니라 아히멜렉 대제관이라는 사실에 착안해 에비아달이라는 이름을 아예 삭제한 편집 작업을 들 수 있다. 그렇다면 과연 어떤 이유에서 마태오와 루가는 23절에 손을 댔을까?

　앞서 보았듯이 안식일은 원래 기쁨의 날이어야 마땅하지만 그 의미를 살려내기 위한 형식은 엄격한 편이었다. 말하자면 즐기는 데도 법도가 있어야 하는 것이다. 불현듯 군대 훈련 중에 10분간 휴식 때도 이른바 '휴식군기'라는 게 있었던 기억이 난다. 그에 따라 안식일에 지켜야 할 세부규정들이 율사들의 율법해석을 모아놓은 『미슈나』에 넘치도록 많이 들어있다(사바트 편). 안식일에 금지된 대표적인 노동 39가지를 나열하면, 파종ㆍ가꾸기ㆍ수확ㆍ단으로 묶기ㆍ탈곡ㆍ키질ㆍ씻기ㆍ빻기ㆍ체로 쳐서 가루 만들기ㆍ반죽ㆍ굽기ㆍ양털 깎기ㆍ양털 표백ㆍ양털 두드리기ㆍ양털 염색ㆍ실뽑기ㆍ베틀에 날실을 걸기ㆍ두 사침대 만들기ㆍ두 실 짜기ㆍ두 실 풀기ㆍ매듭짓기ㆍ매듭 풀기ㆍ두 뜸 박기ㆍ두 뜸 박으려고 찢기ㆍ사슴 사냥ㆍ사슴 목 따

기·사슴 가죽 벗기기·사슴 가죽 소금 절이기·사슴 가
죽 다듬기·가죽 털 뽑기·가죽 자르기·두 글자 쓰기·
두 글자 쓰려고 지우기·집짓기·집 헐기·불끄기·불을
지피기·망치로 (모루를) 두드리기·물건 나르기 등이다.

　안식일에 금지된 노동 목록을 살펴볼 때 마태오는 제자
들이 밀 이삭을 수확했기에 안식일 법을 어겼고, 루가는
탈곡을 했기에 시비 거리가 되었다고 간주했다. 사실 안식
일에는 밀 한 톨, 줄기 하나, 꽃잎 한 장이라도 떼어내거나
어떤 유의 열매라도 따서는 안 되는 법이었다. 특히, 마태
오는 수확 철이 과월절에 가까우니 예수의 일행이 절기에
맞춰 예루살렘 순례 길에 오른 것으로 본 듯하다. 모두 마
르 2,23의 내용이 애매모호한 탓이었다.

‘하나’ 만 말씀하시는 분

　바리사이들의 질문에 예수는 적절한 예화를 제시하고 그
에 기초해 명쾌한 답을 한다. 1사무 21,1-10에 하느님 앞
에 진설된 빵을 다윗 일행이 먹은 이야기가 나온다. 마치
우리네 제사의 상차림처럼 이스라엘에서도 하느님에 앞에
상을 차려놓았다. 12개의 빵을 구워 한 줄에 여섯 개씩 두
줄로 놓는데 각 줄마다 향을 피워 하느님에게 바치는 표시
로 삼았다. 안식일이 돌아오면 매번 상을 새로 보고 치워
진 빵은 아론과 그의 아들들, 즉 사제들의 몫이었다. 다만
이는 하느님에게 진설되었던 거룩한 빵이므로 거룩한 장

소에서 먹어야 했다(레위 24,5-9). 그런데 굶주린 다윗과 그의 일행이 들이닥치자 아히멜렉 사제가 기꺼이 빵을 내주었다는 것이다.

이야기에는 두 가지 측면이 들어있다. 하나는 만일 사람이 필요로 하면 비록 하느님의 몫이라도 얼마든지 내줄 수 있다는 점이고, 다른 하나는 메시아의 원조 격인 다윗은 율법을 자유롭게 다룰 수 있다는 점이다. 예화의 결론으로 제시한 27~28절에는 두 가지 측면이 모두 들어있다. 우선 "안식일이 사람을 위해서 생겼지, 사람이 안식일을 위해서 생기지는 않았습니다"는 복잡하고 엄격한 안식일 규정이 아무리 많이 있어도 '안식일의 정신은 사람을 살리는 데 있다'는 뜻이다. 다음으로 "그러므로 인자는 또한 안식일의 주인입니다"는 마치 다윗처럼 메시아 예수 역시 율법 규정을 자유자재로 다룰 수 있는 권한을 갖고 있다는 뜻이다. 앞의 말씀에선 인간 사랑이 강조된 반면, 뒤의 것은 하느님의 아들로서 예수의 정체성을 강조한다. 인본주의적 결론과 그리스도론적 결론이 합쳐진 셈이다.

예수는 속이 깊은 분이므로 두 가지 결론을 동시에 세시했다고 볼 수도 있다. 한 가지 예화로 두 가지 의미를 담는, 이를테면 일석이조의 효과를 거두었다는 말이다. 하지만 그런 식의 해설은 필자에게 언제나 어색하다. 예수의 비유나 단절어(로기온)나 기적 등을 보면 예외 없이 한 가지 뜻만 담겨있기 때문이다. 예수는 언제나 '하나'만 말씀하시는 분이다. "그러므로 인자는 또한 안식일의 주인입니다”는 1세기 그리스도인들이 즐겨 했던 신앙고백이자 유대인의 철석같은 신념에 대한 강력한 도전이다. 그들에게 안식일의 주인은 엄연히 하느님이시기 때문이다. 따라서 이 구절은 1세기 교회의 신앙을 담아 넣은 첨가 문으로 보인다. 다시 말해, 원래 “안식일이 사람을 위해서 생겼지, 사람이 안식일을 위해서 생기지는 않았습니다”가 예수의 의도인 것이다.

논쟁사화의 범위는 본디 23~27절이었다. 그레코-로만 시대에 유행했던 논쟁사화 양식에 따르면 ①상황묘사와 명제(23~24절), ②언술과 반명제(25절), ③논증과 유추해석(26절), 그리고 ④결어(27절)로 구성되어 있다(17~18쪽 참조).

사람들은 하느님을 만족시켜 드리기 위해 온갖 일을 다 한다. 안식일은 하느님께서 천지를 창조하고 휴식을 취하신 날이다. 하느님의 날인 것이다. 그러니 피조물인 사람도 하느님을 위해 안식일을 거룩하게 지내야 한다. 그러기 위해서 마치 하느님이 날을 정해 안식을 취하신 것처럼 사람도 노동에서 벗어나야만 한다. 하지만 그렇다고 해서 밥을 안 먹거나 볼 일마저 안 볼 수는 없지 않은가? 따라서 ‘구체적으로 어떤 노동을 하지 않아야 하느님의 맘에 들지?’를 찾아내는 게 율사들에게 주어진 지상 과제가 되었다. 안식일 규정이 나오게 된 간단한 배경이다.

사람 나고 안식일 났지 안식일 나고 사람 난 게 아니다. 예수의 명쾌한 안식일 해석이다. 하느님의 유일한 기쁨은 인간의 행복이다. 하느님은 이미 충분히 완전하신 분이기에 인간들이 영광을 돌린답시고 주제넘게 나설 필요가 없다. 사람부터 살려놓고 보자!

바리사이의 도전에 예수가 통쾌한 일격을 가했다.

3.3. 아니, 저 사람들이 손도 안 씻고…….

마르 7,1-9

　예수는 재야 종교인들 중에서도 탁월한 위치에 있었다.
과장된 숫자이긴 하지만 여성과 어린이를 뺀 성인 남자만
4~5천 명씩 모여 들었다고 하지 않는가(마르 6.8장)! 논쟁사
화의 시작에 갈릴래아의 바리사이들이 예루살렘에서 온
율사와 연합했다고 한 것은 예수를 거물급 지도자로 보았
기에 가능한 일이다(마르 7,1). 아니, 실제로 갈릴래아의 바
리사이들이 유대교의 중심지인 예루살렘 종교인들의 권위
를 빌리는 과정이 있었을지 모를 일이다. 제도권 종교인의
입장에서 예수는 그만큼 위험한 인물이었다. 위험한 인물
은 제거되어야 마땅했다. 그런데 일이 생각 외로 쉽게 풀
려 예수 일행은 그들의 손에 즉시 걸려들고 말았다(2절).

이스라엘의 정결례 법(레위 11,15장)은 정한 짐승과 부정한 짐승, 산모의 부정함, 부정한 질병, 남성에게 생긴 부정한 성병, 월경과 하혈 중인 여성의 부정함 등을 다루고 있다. 마르 7,1-23은 흔히 예수와 종교지도자들 사이에 벌어진 정결례 법(레위 11~15장) 논쟁을 다룬다고 알려져 있다. 그런데 정작 예수와 종교지도자들이 벌인 논의의 쟁점인 손 씻는 문제는 정결례 법은 물론이고 모세오경(율법) 어디를 둘러봐도 나오지 않는다. 무엇인가 이상한 느낌이 있다.

마르 7,1-9 ¹바리사이들과 예루살렘에서 온 율사 몇 사람이 예수께 몰려왔다. ²그들은 그분의 제자 몇 사람이 부정한 손으로, 곧 씻지 않은 손으로 빵을 먹는 것을 보았다. ³본디 바리사이들과 모든 유대인들은 조상들의 전통을 지켜, 한 움큼의 물로라도 손을 씻지 않고서는 음식을 먹지 않는다. ⁴또한 시장에서 돌아와서도 몸을 씻지 않고서는 음식을 먹지 않는다. 그 밖에도 지켜야 할 전통이 많이 있으니, 잔이나 옹자배기, 놋그릇이나 [침대] 따위도 씻곤 하는 것이다. ⁵그래서 바리사이들과 율사들은 예수께 "어찌하여 당신의 제자들은 조상들의 전통을 따라 걷지 않고 부정한 손으로 빵을 먹습니까?" 하고 물었다. ⁶그러자 예수께서 그들에게 말씀하셨다. "이사야는 위선자들인 여러분을 두고 잘도 예언했으니, 이렇게 기록되어 있습니다. '이 백성이 입술로는 나를 공경하지만 그들의 마음은 내게서 멀리 떠나 있도다. ⁷헛되이 나를 흠숭하나니, 그들은 사람의 계명을 교리로 가르치는도다.' ⁸여러분은 하느님의 계명을

저버리고 사람의 전통을 지키고 있는 것입니다." [9]또 이어서
그들에게 말씀하셨다. "여러분의 전통을 세우려고 여러분은
하느님의 계명을 잘도 물리칩니다."

장로들의 전승

"본디 바리사이와 모든 유대인은 장로들의 전승을 지켜,
한 움큼의 물로라도 손을 씻지 않고서는 먹지 않는다. 또
한 시장에서 (돌아와서도) 씻지 않고서는 먹지 않는다."(3절)
즉, 바리사이와 율사들이 예수에게 건 시비는 문서화된 율
법 사안이 아니라 제3의 근거인 '장로들의 전승'에 따른
것이었다.

레위기에 나오는 정결례 법에 따라 유대인은 모름지기
정한 음식물만 먹어야 한다. 그러나 음식물만 깨끗하면 뭐
하나, 먹는 사람도 깨끗해야지? 거기까지 생각이 이르자
장로들은 어떻게 해야 먹는 사람이 깨끗해지는지 고민하
기 시작했다. 그리고 얻는 결론이 바로 '한 움큼(퓌그메)의
물로라도 손을 씻고 음식물에 손을 대라'는 것이었다. 유
대 땅이 워낙 물이 귀한 곳이니 만치 적은 양(한 움큼)의 물
로 손을 씻으라는 규정은 충분히 이해가 가는 노릇이다.
그렇다면 한 움큼의 물이란 어느 정도의 양일까? 이 규정
을 다시 한 번 해석한 후대 율사들 중 어떤 이는 두 손을
볼 형태로 만들어 물을 담아 씻으라 하고, 어떤 이는 두 손
을 씻을 만큼 항아리에서 물을 붓는 것을 의미한다고 하

고, 어떤 이는 음식을 먹는 한 손만 씻어야 한다는 뜻이라
한다(Bill. II, 13~14쪽). 어찌 되었든 반드시 손을 씻고 나서 음
식을 먹어야만 했다.

복음서작가 마르코는 정결례 법에 대한 '장로들의 전승'
에 몇 가지 사항을 더 보탰다.(4절) 논쟁사화 맥락에 직접
들어맞지 않는 예를 든 것으로 보아 마르코가 유대 전통을
잘 모르는 복음서의 독자들은 위해 친절하게 보충설명을
한 셈이다. 아니, 어쩌면 마르코가 자신의 유식함을 조금
뽐낸 것일 수도 있겠다.

상황을 파악한 바이사이와 율사들은 예수에게 직선적인
질문을 던진다. "어찌하여 당신의 제자들은 장로들의 전승
을 따라 걷지 않고 부정한 손으로 빵을 먹습니까?"(5절) 여
기서 '장로들의 전승을 따라 걷다' 라는 표현은 일종의 전
문용어로 '야훼 신앙을 올바르게 지키며 사는 삶' 을 가리
키고 구체적으로 '장로들의 전승' 에 나오는 세부 규정(할라
카)을 충실히 따르는 것을 뜻한다. 이는 물론 '장로들의 전
승' 이 바로 야훼의 지상명령이라는 전제가 있어야만 가능
하다.

종교지도자들의 질문은 한 문장에 불과하다. 그러나 이
는 야훼신앙의 핵심과 이스라엘 전통과 당시 사회를 이끌
어나가는 방식 등이 모두 고려된, 한마디로 말해 정교하게
고안된 질문이었다. 또한 예수가 아니라 혹시라도 실수를
했을지 모를 제자들을 공격한 것도 눈에 띈다. 도대체 어
떻게 가르쳤기에 저 모양이냐는 비난이 가능했을 테니 말

이다. 역시 고수들이라는 느낌이 든다. 예수가 함정에 빠지는 모습을 통쾌한 모습으로 지켜보려는 그들의 의도가 눈에 환히 보인다. 예수는 과연 어떤 대답으로 그들의 악한 의도를 꺾어버리실까? 자못 궁금하지 않을 수 없다.

시원한 답변

예수는 우선 이사 29,13을 인용한다. "이 백성이 입술로는 나를 공경하지만 그들의 마음은 내게서 멀리 떨어져 있다. 그들은 사람의 계명들을 교리로 가르치는구나." 이 구절은 기원전 2세기경에 완성된 히브리어 구약성서의 헬라어 역본인 〈칠십인역(LXX)〉에서 옮겨 쓴 것으로, 말로는 야훼를 공경하나 마음으로는 경건치 못한 이스라엘의 작태를 꾸짖는 내용이다. 위선자들을 질타하는 꾸짖음이다.

예수는 이사야서를 근거로 종교지도자들을 공격한다. "여러분은 하느님의 계명을 저버리고 사람의 전통을 지키고 있는 것입니다."(8절) 여기서 '장로들의 전승'을 사람의 전통이라고 한 부분이 독특하다. 구체적으로, 예수는 하느님의 계명과 사람의 계명을 대비시켜 놓은 상태에서 하느님의 계명을 사람의 전통으로 대체한 종교지도자들의 위선이 백일하에 드러나게 만든 것이다.

모름지기 하느님의 계명을 지키는 데는 신중한 자세가 필요하다. 문자화된 조문이 아니라 계명의 정신이 중요하다. 그런데 종교지도자들은 계명의 정신이 아니라 문자화된 규정에 또 한 번 제 나름의 해석을 더했고, 그것이 마치 하느님의 뜻인 양 백성을 오도하고 있었다. 그러니 예수의 입에서 '사람이 만든 전통을 잘도 지키고 있구나!' 라는 꾸짖음이 절로 나올 법하다. 그러나 아직은 완벽하지 않다. 예수가 성문법과 그에 대한 해석을 다룸으로써 율사들과 법체계를 논하고 있었으니 무지한 백성들이 도통 이해할 수 없었기 때문이었다. 그런 상황에서 필요한 게 바로 적절한 예이다('코르반' 규정의 비판 : 9~13절).

적절한 예를 든 다음 예수는 다시 본론으로 돌아와 결론을 맺는다. "사람 밖에서 사람 안으로 들어가 그를 더럽힐 수 있는 것이란 없습니다. 도리어 사람에게서 나오는 것이 사람을 더럽힙니다."(15절) 종교지도자들의 교묘한 질문에 시원한 일격이었다. 먹는 게 문제가 아니라, 먹고 나서 하는 행동이 문제다. 정한 음식을 정한 방법으로 먹고 나서 한 짓이 고작 예수를 곤경에 빠뜨리려는 악랄한 음모 아닌가? 아마 바리사이들과 예루살렘에서 예수를 손보려 출동한 율사들은 경황이 없어 할 말을 잃고 말았을 것이다.

장로들의 진승은 수백 넌을 내려온 가르침이며 이스라엘의 위대한 전통이다. 『미슈나』의 서론격인 아보트편 1,1에는 다음과 같은 말이 씌어 있다. "모세는 시나이 산에서 토라를 받아 여호수아에게 물려주었으며, 여호수아는 장로들에게, 장로들은 예언자들에게, 그리고 예언자들은 그 율법을 대회당의 남자들에게 물려주었다." 이는 '장로들의 전승'이 시나이 산에서 주어진 토라의 맥을 굳건히 이어간

다는 표현으로, 기록된 율법이나 구전 법해석이나 동등한
권위를 가진다는 말이다. 그런데 예수의 한 마디로 수백
년 전통이 일순간에 무너진 꼴이었다.

이 말씀을 듣고 무엇인가 깊은 깨달음을 얻은 종교지도
자들도 있었을지 모른다. 그러나 필자가 아는 한 배운 자
의 심성이란 일반적으로 그렇지 못하다. 예수의 시원한 한
마디 말씀에 위선자 취급까지 받은 그들은 아마 심한 모욕
감을 느꼈을 것이다. '아니 내가 누군데, 저런 거지같은 인
간에게 사나운 꼴을 당하다니. 지금은 일단 물러가지만 다
음번에는 각오를 단단히 하는 게 좋으리라!' 도저히 떨칠
수 없는 자존심……, 가방 끈이 길면 그게 문제다.

손을 씻고 음식을 먹는 일은 요즘 들어 상식으로 통한다.
위생적인 차원에서 그렇다는 말이다. 하지만 정반대의 주
장을 하는 이들은 이 세상에 어차피 나쁜 균들이 판을 치
고 있으니 어느 정도 적응하며 사는 게 좋다고 한다. 실제
로 투명한 알코올성 로션을 하루에도 몇 번씩 손에 바르는
사람들이 더 쉽게 세균 감염 된다는 보도도 접한 적이 있
다. 그리고 불과 20년 전만 해도 식사 전에 손 씻는 사람이
거의 없었지만 그렇다고 해서 쉽게 병에 걸린 것도 아니었
다. 대기의 오염도가 점점 높아지면서 주의를 요하느라
TV 광고까지 등장했다고 보는 게 옳다.

'식사 전 손 씻기'는 아마 먼지가 유독 많은 광야 성 기후
의 이스라엘 땅에서 최소한의 위생적인 삶을 보장하려는
관습에서 출발했을 것이다. 그러나 이스라엘의 종교지도

자들은 이를 정결례 법과 관련 지어 '장로들의 전승'으로 고정시켰고 거기에 종교적인 권위까지 더해 놓았다. 하느님의 자리를 슬쩍 넘보고 있었던 것이다. 유대교의 종교지도자인연 하는 식자층 위선자들의 삶은 그렇게 아슬아슬하게 이어지고 있었다.

예수의 일갈은 하느님의 계명과 인간의 계명에 대한 전향적인 사고를 보여준다. 수백 년 간 수많은 사람들의 힘으로 만들어 놓은 철옹성인 '장로들의 전승'을 감히 갈아치우는 사람은 일찍이 없었던 것이다.

3.4. 함정에서 한 번 빠져나와 보시오

마르 12,13-17

예수의 말년은 예루살렘에 입성하면서 시작되었다. 예수가 성에 들어오자 종교지도자들은 마치 뭍에 나온 고기처럼, 아니 생명의 위협을 느낀 사람들처럼 최후의 발악을 시작한다. 그들은 예수에게 갖가지 질문을 퍼붓는데, 까다로운 율법규정은 물론 세례자 요한의 재평가와 부활 그리고 산헤드린에서는 체포된 예수를 가운데 두고 그분의 정체에 대한 질문이 쏟아진다. 그중 하나가 이제 다루려는 예수의 정치적 입장이다.

제1차 삼두정치로 유명한 폼페이우스는 기원전 63년에 이스라엘을 정복한 뒤 시리아 속주에 편입시켰다. 로마제국은 점령지를 속국과 속주로 나누어 다스렸는데 속국에는 괴뢰정권이, 속주의 통치는 황제가 파견한 '총독'이 담당했다. 속주는 또한 황제령과 원로원령으로 나뉘어졌고 그 기준은 군정을 하는가, 안 하는가에 달려있었다. 예수 시대의 이스라엘은 분봉왕 헤로데 안티파스가 통치하는 갈릴래아와 베레아(요르단강 동편)와 총독이 통치하는 사마리아와 유대아로 구성되어 있었다. 유대아 속주는 시리아주의 속령屬領prostheke으로, 말하자면 작은 규모의 속주였다. 총독의 임기는 유동적이었는데 티베리우스 황제 시절(14~37년)에는 보통 10년이었다. 유대아 총독으로 본시오 빌라도(폰티우스 필라투스)가 있었던 재임기간은 26~36년이었다.

유대인들은 로마 제국의 식민 지배를 어쩔 수 없이 감수해야만 하는 처지였다. 그런 상황에서 발 빠르게 로마에 붙어먹던 정치귀족들도 있었지만 심지가 굳던 대부분의 종교지도자들은 로마제국에 강한 거부감을 갖고 있었다. 그 거부감은 66~70년의 제1차 유대 독립전쟁으로 확연히 드러난 바 있다. 따라서 그들이 예수의 정치관에 관심을 가진 것은 당연한 이치였다.

마르 12,13-17 [13]그리고 그들은 몇몇 바리사이들과 헤로데파 사람들을 예수께 보내어 말을 따져 그분을 책잡으려고 했다. [14] 그 사람들이 와서 예수께 이렇게 말하였다. "선생님, 저희가 알기로는 선생님은 진실하시고 어느 누구에게도 구애받지 않으십니다. 과연 선생님은 사람들의 신분을 가리지 않고 오직 하느님의 길을 참되이 가르치십니다. 그런데 황제에게 주민세를 바쳐도 됩니까, 안됩니까? 저희가 바칠까요, 바치지 말까요?” [15]예수께서는 그들의 교활한 속셈을 알아채시고 “왜 나의 속을 떠보는 겁니까? 데나리온 한 닢을 가져다 보여 주시오” 하셨다. [16]그들이 돈을 가져오자 “이 초상과 글자가 누구의 것입니까?” 하고 물으셨다. 그들이 “황제의 것입니다” 하고 대답하자 [17]“황제의 것은 황제에게 돌려주시오. 그러나 하느님의 것은 하느님에게 돌려주시오” 하고 말씀하셨다.

왜 주민세였을까?

예수에게 바리사이와 헤로데의 사람들이 다가와 질문을 한다. “황제에게 주민세를 바쳐도 됩니까, 안됩니까? 저희가 바칠까요, 바치지 말까요?” 헤로데의 사람들은 헤로데의 측근이자 친 로마 세력이고 바리사이는 하느님의 땅 이스라엘이 침탈된 데 분노하던 반로마 세력이었다. 게다가 헤로데의 사람들은 정치 집단이고 바리사이는 종교 집단이었으니 둘이 하나 되어 예수에게 도전했다고 보기에는 어색한 구석이 있다. 예수의 인기가 양쪽 세력 모두에게 그만큼 위협적이었다는 뜻일까, 아니면 예수의 권위를 높이기 위해 전승의 편집자가 일부러 만들어낸 조합일까? 알 길이 없다. 게다가 그들은 표적 질문에 앞서 예수를 한껏 치켜세우기까지 한다. 물론 진심은 아니고 순전히 외교적인 발언이었을 테지만.

로마제국은 교활했다. 이스라엘을 속국과 속주로 나누어

민족의 일체성을 붕괴시키려 했는데, 이른바 '분할하여 통치한다'(divide et impera)는 정책의 일환이었다. 이스라엘에는 대략 3천정도의 로마군(5 코호레스: 연대급)이 진주해있었고 코호레스의 지휘관은 천인대장, 그 예하 부대의 지휘관은 백인대장(백부장)이라 불렀다. 총독은 주로 소요사태의 진압을 위해 군대를 동원했다. 즉, 로마군의 주둔 목적은 점령군으로서 권리를 찾는 게 아니라 치안 유지였다.

총독의 가장 중요한 임무는 세금 징수였다. 그러나 세금을 제때 납부할 책임은 총독이 아니라 최고회의에 있었다. 말하자면 최고회의가 징수 책임을 진 대신 총독에게서 독립성을 얻고, 실제 세금은 로마인의 주머니로 들어간 것이다. 세금은 직접세와 간접세가 있었고 직접세에는 토지세와 가옥세와 개인세(주민세와 소득세로 나뉨), 간접세에는 사업세, 노예세, 관세, 상속세가 있었다. 직접세는 로마의 재정관이 직접 나섰고 간접세는 현지의 징세 대행 업자를 통해 거두었다. 민중의 욕을 먹은 세리 마태오와 세리장 사캐우스는 유대인 징세 대행 업자였다. 각 사람의 과세액은 정기적인 호구조사로 정해졌다. 세밀한 징세 체계와 다양한 세금의 종류는 제국이 세금을 걷는데 얼마나 심혈을 기울였는지 잘 보여준다.

바리사이와 헤로데의 사람들은 구체적으로 '주민세'를 갖고 예수에게 따져 물었다. 왜 하필이면 주민세였을까? 어린이와 노인을 제외한 모든 이에게 부과되는 주민세(혹은 인두세)는 개인 세에 속했고, 개인 세는 로마에서 직접 거두어들이는 세금이었다. 유대인에게 개인 세는 특히 예민한 것이었다. 로마가 자신들의 지배자라는 사실을 피부에 와 닿게 일깨워주었기 때문이다. 하느님을 유일한 통치자로 여겼던 이스라엘에게 있을 수 없는 일이었다. 그래서 서기 6년경 갈릴래아 출신 '유다'(사도 6,3 참조)를 중심으로 납세 거부운동이 벌어졌고 이는 민족의 독립운동으로 발전해 이른바 '열혈당'이 창건되기에 이른다.

만일 예수가 주민세를 바칠 필요가 없다고 답하면 로마의 통치를 정면 부정하는 행동이라 총독의 미움을 사 직격탄을 맞을 테고, 주민세를 바치라고 답하면 민족감정을 자극하는 일이 되어 일명 자객당으로 알려진 '열혈당'의 암살 리스트 1호에 오를지도 모를 일이었다. 진퇴양난進退兩難은 바로 이런 위기상황을 일컫는 한자성어이다.

하느님의 것?

질문을 받은 예수는 세금으로 바치는 데나리온 은화를 가져오라고 한 후에 동전에 새겨진 황제의 초상을 가리키며 "황제의 것은 황제에게 돌려주시오. 그러나 하느님의 것은 하느님에게 돌려주시오"(17절)라는 수수께끼 같은 말씀을 했다. 데나리온 은화의 뒷면엔 옥좌에 앉은 황제의 어머니 리디아가, 그리고 그 좌우에 올림픽의 왕홀과 올리브 나무 가지가 새겨져 있었다. 제국에 평화를 가져오는 여신의 모습이다. 그리고 앞면에는 황제의 흉상과 더불어 중요한 글귀가 흉상 둘레에 쓰여 있었다. '티베리우스 황제, 숭배할 신의 지엄한 아들' (Tiberius Caesar Divi Augusti Filius Augustus). 단적으로 데나리온 은화는 황제가 하늘의 평화를 제국에 가져다주는 신적 인물이라는 사실과 로마 제국이 가진 막강한 힘을 보여주는 상징이었다. 그처럼 당시 제국의 주화는 교환 수단 이상의 의미를 가지고 있었다. 따라서 데나리온 은화로 내는 주민세는 황제의 엄청난 권위에 영광을 더하는 자랑스러운 참여 행위였다.

만일 황제의 권위가 그렇게 대단하다면, 예수의 대답(17절)을 '인간사는 황제의 영역과 하느님의 영역으로 나누어진다'는 뜻으로 해석할 수 있을까? 사실 황제의 것과 하느님의 것을 나누어 바치라는 말 자체만 본다면, 종교와 정치를 분리해야 한다는 뜻이 되어야 한다.

이제 복음서에 그려진 상황을 좀 더 세밀하게 살펴보기로 하자. 먼저 예수의 대답을 들은 바리사이와 헤로데의 사람들은 아마 말문이 막혔을 것이다. 예수에게 세금 문제를 거론할 때는 이미 자기들 마음속으로 로마의 통치를 인정하고 있었으니 만치, '왜 세금을 바쳐야 하느냐'고 다시금 질문할 수 없는 노릇이었다. 그런가하면 '하느님의 것'이란 무엇인가? 데나리온처럼 손으로 만지거나 눈으로 확인할 수 있는 성질의 것인가? 그들은 더더욱 예수의 말씀에 토를 달 수 없었으리라. 더군다나 이스라엘 정치와 종교의 심장부인 예루살렘에서, 예수의 한 말씀에 이처럼 종교·정치 합동 세력의 숨은 속셈이 여실히 드러났다는 사실은 이야기를 더욱 통쾌하게 만든다.

　하지만 예수의 대답은 이에 머물지 않고 보다 깊은 차원을 가지고 있다. 황제의 것은 황제에게 돌리면 된다지만 하느님께 돌려야 할 몫이란 과연 무엇일까? 황제가 로마제국의 통치자라면 하느님 역시 통치자이다. 우리가 세금을 냄으로써 일시적인 지상 왕국의 국민이 될 수 있을지는 모르나, 우리에게 중요한 것은 바로 하느님 나라의 시민이라는 사실이다. 그러므로 예수의 대답은 결코 '황제의 것'과 '하느님의 것'을 구분해서 동등한 무게를 두라는 뜻이 아니라, 오직 "하느님의 것은 하느님에게 돌려주시오"라는 말에 강조점이 있다. 그러므로 혹시라도 국가와 하느님 사이에서 선택을 해야 할 기로에 설 때, 진정한 그리스도인이라면 만사 제쳐놓고 하느님의 뜻을 따라야 한다.

누가 예수를 정치가라 하는가?

　예수가 예루살렘에 입성했을 때쯤에 그분에 대한 하마평이 분명 오갔을 것이다. 우선 예수는 빼다 박은 재야의 지도자였다. 그는 평소부터 메시아로 추앙 받았는데(마르 8,29), 메시아란 통일 왕국의 위업을 이룬 다윗 왕과 같은 강력한 존재이다. 게다가 예수는 분봉왕 헤로데를 '교활한 여우'라 불렀고(루가 13,32), '화려한 옷을 입은 사람들'이라 하여 사치한 생활에 빠진 왕족을 은근히 비아냥거렸으며(마태 11,9), 헤로데에게 억울한 죽음을 당한 세례자 요한을 칭

찬했다(마태 11,11). 당시의 유대인들의 눈에는 예수가 다윗의 분신으로 지배자 로마를 쳐부수고 하느님 백성으로서의 자존심과 명예를 되찾아줄 인물로 비쳐졌을 것이다.

그러나 완전히 다른 각도에서 예수를 바라볼 수도 있었다. 예수는 로마의 앞잡이 개인 세리를 제자로 삼았고(마르 2,14), 제국 통치의 상징인 세금을 선뜻 냈다(마태 17,24-27). 또한, 예수의 참모습을 알아본 이들은 종종 로마인을 포함한 이방인이었다고 하며(마르 7,24-30; 15,49), 예수는 로마인 백부장을 두고 "이런 믿음을 이스라엘에서 본 적이 없다"면서 칭찬을 아끼지 않은 적도 있었다(루가 7,1-10).

예수는 이스라엘의 독립을 꿈꾸던 재야의 지도자로 볼 것인가, 단순히 새로운 종교운동을 일으킨 이단으로 볼 것인가? 결정은 쉽지 않았다. 그럴 때 가장 좋은 방법은 그분의 의견을 직접 들어보는 것이다. 하지만 워낙 언변이 뛰어나니 섣부른 질문을 했다간 망신당하기 십상일 테고……, 그래서 정교 세력이 힘을 모아 최고의 질문을 고안해냈다. "주민세를 바칠까요, 말까요?" 그에 대한 예수의 입장을 분명했다. '우리에겐 하느님밖에 없다.'

만일 바리사이와 헤로데의 사람들이 예수의 말씀을 깊이 따져볼 능력이 있었다면, 그의 대답에서 움직일 수 없는 증거를 잡아낼 수 있었을 것이다. 그리고 '자칭自稱 유대인의 왕'(요한 19,17-24)이라는 궁색한 이유가 아니라, 예수를 제국에 대한 반역자, 즉 진짜배기 정치범으로 고발할 수 있었을 것이다.

3.5. 돌로 내리칠까요?

요한 8,1-11

요한 8,1-11에는 예수가 간음하다 현장에서 잡혀온 여인을 용서한 이야기가 나온다. 널리 알려진 사건이다. 그런데 간음 현장을 덮치고, 여인을 현장에서 끌어내고, 예수 앞까지 데려오기까지 사건의 진행 과정에 다분히 고의성이 엿보인다. 율사들과 바리사이들의 등장이 바로 그런 추측을 가능하게 해준다. 예수가 예루살렘에 입성한 후 제도권 종교지도자들은 예수를 얽어맬 구실을 찾는 데 혈안이 되어있었다. 마르 11~12장이 대표적인 내용인데 한 결 같이 까다로운 율법규정으로 예수 앞에 함정을 파놓아 예수를 옴짝달싹 못하게 만들려고 했다. 요한 8,1-11도 같은 맥락에서 이해할 수 있다는 말이다.

원래 이런 유의 이야기는 이른바 '상황어 전승' (아포프테그

마 : 불트만)으로 분류된다. 하나의 상황이 시작해 말씀 한 마디로 끝맺는 고대 그레코-로만 시대의 문학양식이다. 이를테면, '이승엽 선수는 역시 불세출의 홈런타자다'라는 말을 뜬금없이 하기에 앞서 지난 2008년 올림픽 야구 준결승전과 결승전의 상황을 설명하면 그 문구가 생생하게 가슴에 와 닿는다. 마찬가지로 복음서에는 예수의 말씀이 갖는 뜻을 분명히 드러내기 위해 그 앞에 적절한 상황을 제시되는 경우가 종종 있다. 여인이 끌려오고 예수의 말씀으로 끝을 맺는 상황어 속에 율법 적용을 두고 예수와 종교지도자들 사이에 벌어진 '논쟁사화'가 교묘하게 끼어들 틈이 생기는 것이다. 혹은 이 이야기 자체를 논쟁사화로 볼 수도 있다.

본문을 읽어보자.

요한 8,1-11 [1]예수께서는 올리브 산으로 가셨다. [2]이른 아침에 예수께서 다시 성전에 오시자 백성이 모두 그분에게로 몰려왔고 그분은 앉으시어 그들을 가르치셨다. [3]그 때에 율사들과 바리사이들이 간음하다가 붙잡힌 여자를 데려와 가운데 세워 놓고 [4]그분에게 말하였다. "선생님, 이 여자는 간음하다가 현장에서 붙잡혔습니다. [5]율법에서 모세는 이런 여자들은 돌로 치라고 우리에게 명하였습니다. 그런데 당신은 뭐라고 하시겠습니까?" [6]그들은 예수를 고발할 구실을 얻으려고 그분을 시험하여 이렇게 말하였던 것이다. 그러나 예수께서는 몸을 굽혀 손가락으로 땅에 무엇인가 쓰셨다. [7]그들이 계속해서 물으니

-

예수께서는 몸을 일으켜 그들에게 말씀하셨다. "당신들 가운데서 죄 없는 사람이 먼저 이 여자에게 돌을 던지시오." [8] 그리고 다시 몸을 굽혀 땅에 무엇인가 쓰셨다. [9]그러자 듣고 있던 사람들은 나이 많은 이들을 비롯하여 하나하나 떠나가 버리고 예수만 남게 되었고 여자는 가운데에 그대로 있었다. [10]그 때 예수께서 몸을 일으켜 여자에게 "부인, 그들이 어디 있소? 아무도 당신을 단죄하지 않았지요?"하고 말씀하셨다. [11]여자가 "아무도 안했습니다, 주님"하고 대답했다. 그러자 예수께서 말씀하셨다. "나도 당신을 단죄하지 않습니다. 가시오. 그리고 이제부터 다시는 죄를 짓지 마시오."

현장에서 잡혀온 여인

예루살렘에 입성한 예수는 밤이면 올리브 산에서 올랐다. 당시 유대인들은 해방절, 오순절, 초막절 등 삼대 명절에 맞추어 예루살렘 순례를 했고 그때마다 평상시 5만 정도였던 시민의 숫자가 네 배 이상 불어났기에 숙소가 턱없이 부족했다. 그래서 많은 이들이 올리브 산에 올라 노천에서 밤을 보냈다고 한다. 아침이 되어 예수는 다시 성전으로 내려와 가르침을 베풀었고 와중에 간음한 여인이 앞에 끌려나왔다.

여인은 외간남자와 간음한 현장에서 잡혀왔다. 달리 여지가 없을 정도로 율법 적용이 분명한 경우였다. 우선 제6계명에 '간음하지 말라' 를 어겼기에 벌을 피해가기 어려웠다. 게다가 3절에 쓰인 용어를 볼 때 그녀는 이미 결혼을 한 여인이고(구나이카), 그런 경우 율법에 따라 "어떤 남자가 한 여자와 간통하면, 곧 어떤 남자가 이웃의 아내와 간통하면, 간통한 남녀는 사형을 받아야 한다."(레위 20,10; 에제 16,38-40 참조) 율사들은 그 규정에 만에 하나 착오가 있을 세라 적절한 해석까지 내려놓았다. '장로들의 전승'(66-68참조)모아서 펴낸 책인 『미슈나』 산헤드린(최고회의) 편에 보면 사형에는 돌로 쳐 죽이기, 불태워 죽이기, 목 잘라 죽이기, 목 졸라 죽이기 등 네 종류가 있었다. 그중에서 돌로 쳐 죽일 죄인은 생모·계모·며느리·남자·짐승·짐승을 데리고 자는 여자와 교접한 자·무당·마술사·안식일 어긴 자·부모를 모욕한 자·다른 남자와 정혼한 여자와 교접한자·엽색가·타락으로 고장을 파괴한 자·요술쟁이·부모를 거역한자 이다. 한 마디로 성범죄자인 경우 돌에 맞아 죽어 마땅한 법이었다.

여인은 절망적이었다. 결혼한 처지에 간통 현장에서 끌려왔고 율법 전문가들인 바리사이와 율사들에게 둘러싸여 있었으니 이제 돌에 맞아 죽는 것은 시간문제였다. "신생님, 이 여자는 간음하다가 현장에서 붙잡혔습니다. 율법에서 모세는 이런 여자들은 돌로 치라고 우리에게 명하였습니다. 그런데 당신은 뭐라고 하시겠습니까?" 고발인들은 마치 예수를 시험하듯 최후 판단을 예수에게 떠넘겼다.

모세의 율법에 따르면 여인을 죽어야 한다. 그런데 만일 예수가 여인을 용서하면 율법을 어기는 것은 물론이고 이스라엘 종교의 최고기관인 산헤드린의 권리를 무력화시키는 꼴이다. 이 여인의 재판은 위에서 보았듯이 산헤드린의 고유 권한이기 때문이다. 그리고 만일 예수가 고발인들의 주장에 동조해 여인에게 돌을 던지면 로마제국의 조치를 정면으로 위배하는 행동이 된다. 로마제국에서는 대략 서기 30년부터 산헤드린의 사형 선고와 집행 권리를 유보해 두었던 까닭이다(요한 18,31 참조). 이는 물론 이스라엘의 진정한 통치자가 로마라는 점을 상기시켜주는 조치로 풀이할 수 있다. 예수가 진퇴양난의 함정에 빠져들었다.

왜 노인들부터 물러났을까?

종교지도자들이 고발하는 동안 예수에 땅에 무엇인가 쓰고 있었다고 한다. 과연 무엇을 쓰고 있었을까? 다양한 추측들이 있었는데, 고발인들이 지었을 법한 죄의 목록을 쓰고 있었다(예로니무스), '죄 없는 사람이 돌을 던져라'는 7절의 내용을 미리 땅에 썼다(맨슨), '용서한 사람은 하느님이 기억하리라'(예레 17,13)는 구약성서 구절을 쓰고 있었다, '악한 이의 행동에 동참하지 말라'(출애 23,1)는 율법조항을 쓰고 있었다(데렛), 예수가 생각을 정리하는 동안에 의미 없는 낙서를 하고 있었다, 등등. (독자 여러분도 한 번 그럴 듯한 상상을 해보시기 바란다.) 아무튼 예수는 이윽고 눈을 들어 말씀한다. "당신들 가운데서 죄 없는 사람이 먼저 이 여자에게 돌을 던지시오."

신명 17,6-7에 보면 최소한 두 남성(!) 증인의 증언이 있어야 죄가 성립된다. 그러나 보다 중요한 것은 그 다음인데, 바로 그 증인들이 먼저 돌을 들어 죄인을 가격을 해야 한다(신명 17,6-7). 아마 죄에 대한 확신이 없는 경우나 거짓 증언을 한 경우 차마 돌로 내리치지 못하리라는 인간의 심성을 방패삼아 마지막 안전장치를 설정한 것이다. 일종의 심리적 조치라 하겠다. 『미슈나』에선 '돌로 쳐 죽이기' 의 구체적인 과정을 보다 근사하게 만들어놓았다. 먼저 증인 중 한 사람이 돌을 들어 죄인의 등 아래쪽을 강하게 때린다. 죄인이 고통을 참지 못해 등을 수그리면 두 번째 돌로 심장 부분을 정확하게 가격한다. 그리고 고꾸라진 죄인을 뒤집어보아 숨이 끊어진 것을 확인하면 된다. 만일 살아있다면 이제 두 번째 증인이 나서서 심장부분을 다시 한 번 가격한다. 그래도 여전히 숨이 붙어있다면 그때는 전 이스라엘이 나서서 죄인이 죽을 때까지 돌을 던진다(산헤드린 편 6,4). 틀림없이 여러 번의 시행착오를 거쳐 단번에 사람을 죽일 수 있는 방법을 고안해냈을 것이고 어떤 경우이든 반드시 죄인을 죽여야 한다는 강렬한 의지가 담긴 규정이다. 이 규정을 지키느라 벌어졌을 처참한 상황을 떠올리면 몸이 오싹해진다.

그렇다면 왜 노인들이 먼저 물러났을까? 혹자는 노인일수록 지은 죄가 커 그랬다고들 하는데 별로 설득력 없는 주장이다. 사실 필자가 가장 자신 없는 곳은 바로 이 부분이다. 신명기 규정을 살펴볼 때 노인들은 여성을 고발한 증인들이었을 가능성이 높고, 여성을 쳐 죽일만한 확신이 없었던 게 아닌가 싶다. 즉, 예수를 곤경에 빠뜨리기 위해 연출된 상황이었을 가능성이 있다는 뜻이다. 그리고 노인이라면 혹시 사회적으로 존경을 받는 종교지도자들이 아니었을까?

당신을 단죄하지 않겠습니다.

여인에게 베푸신 예수의 용서는 실로 크다. 용서라고 하면 어느 복음서보다 루가복음이 먼저 떠오르지만 비유가 아니라(이를테면, 15,11-32의 '돌아온 탕자를 맞아들인 아버지의 비유') 실제 벌어진 사건이라는 점에서 예수가 생각했던 '용서'의 진상을 만나볼 수 있다. 실제로 간음을 했든, 종교지도자들의 농간이었든, 여인은 절체절명의 위기에 놓여있었고 예수의 손에 여인의 목숨이 온전히 달려있었다. 그때 예수의 한 마디로 고발자들이 물러나고 말았다. 그들이 물러간 후 예수의 말씀이 의미심장하다. "나도 당신을 단죄하지 않습니다. 가시오."

만일 예수가 다음과 같은 부차적인 질문을 했으면 어땠을까? 도대체 어쩌다 그런 일에 휘말렸습니까? 같이 있던 남자가 누구입니까? 이러고 다니는 것은 남편이나 어머니가 혹시 알고 있습니까? 아마 그런 질문을 했다면 여인의 상처부위에 칼을 집어넣은 후 비트는 고통을 보탰을 것이다. 요즘 식으로 말해 예수는 '쿨' 하게(우리말이 안 되기는 한

다) 여인을 보내주어 여인의 자존심을 살려주었다. 그리고 여인은 예수에게서 아마 태어나서 처음으로 사람대접을 받는 감동을 맛보았을 것이다. 이는 예수와 여인, 곧 자비를 베푸는 이와 그를 받는 두 사람이 펼친 한편의 멋진 드라마이며(relicti sunt duo, misera et misericordia : 아우구스티노), 하느님 나라의 선포이다. 예수의 용서 법이자 하느님의 사랑 법이 극적으로 드러났기 때문이며, 율법으로는 도저히 해결할 수 없는 존재의 거듭남이 여인에게 선물로 주어졌기 때문이다.

　필자가 직접 본 것은 아니지만 예수 앞에서 물러나는 여인의 등은 아마 유난히 곧게 펴 있었을 것이다.

관
습

4. 구원

4. 구원

4.1. 저 자가 하느님을 모독하는가?

마르 2,1-12

마르코복음이 전하는 바에 따르면 예수가 갈릴래아에서 요르단 강으로 와 세례를 받고 뭍으로 나오자 하느님의 아들로 입양되었다고 한다(1,9-10). 이를 두고 흔히 양자설養子設이라 하는데 1세기 교회에서 유행했던 다양한 그리스도 이해의 단편을 보여주는 소중한 자료이다. 입양의식을 거치고 난 후 하느님 아들다운 예수의 모습이 과시되는데 그 시작은 놀라운 기적들이었다(1,21-45). 아직 열두제자를 확정하기 전이었고 비유를 통한 가르침도 등장하기 전이었다. 이는 실제 그런 과정을 거쳐 예수가 세상에 이름을 내 놓았기보다 복음서작가 마르코의 편집사상에 따른 행보이다.

자유자재로 기적을 행하는 자! 예수의 기적에는 분명 범상치 않은 면이 있었다. 수많은 병자를 고치고 귀신을 내쫓는 기적이 어디 손쉽게 구경이라도 할 수 있는 일인가 말이다. 그러나 기적이 갖는 의미를 재구성하지 않으면 그 기적은 그저 상식적인 자연현상을 뛰어넘는 놀라운 볼거리일 뿐이다. 마르 2,1-12는 예수의 기적이 갖는 의미를 독자들에게 알려주기 위해 준비된 본문이다. 기적 사이에 끼어 있는 종교지도자들과 예수 사이의 논쟁이 그 작업을 가능하게 해 준다.

마르 2,1-12 [1]며칠 뒤에 예수께서는 다시 가파르나움으로 들어가셨다. 그분께서 집에 계시다는 소문이 퍼지자, [2]문 앞까지 빈자리가 없을 만큼 많은 사람이 모여들었다. 예수께서는 그들에게 복음 말씀을 전하셨다. [3]그 때에 사람들이 중풍 병자 한 사람을 그분께 데리고 왔다. 그 병자는 네 사람이 들것에 들고 있었는데, [4]군중 때문에 그분께 가까이 데려갈 수가 없었다. 그래서 그분께서 계신 곳의 지붕을 벗기고 구멍을 내어, 중풍 병자가 누워 있는 들것을 달아내려 보냈다. [5]예수께서 그들의 믿음을 보시고 중풍 병자에게 말씀하셨다. "얘야, 너는 죄를 용서받았다." [6]율법학자 몇 사람이 거기에 앉아 있다가 마음속으로 의아하게 생각하였다. [7]이자가 어떻게 저런 말을 할 수 있단 말인가? 하느님을 모독하는군. 하느님 한 분 외에 누가 죄를 용서할 수 있단 말인가?' [8]예수께서는 곧바로 그들이 속으로 의아하게 생각하는 것을 당신 영으로 아시고 말씀하셨다. "너희는 어찌하여 마음속으로 의아하게 생각하느냐? [9]중풍 병자에게 '너는 죄를 용서받았다' 하고 말하는 것과 '일어나 네 들것을 가지고 걸어가라' 하고 말하는 것 가운데에서, 어느 쪽이 더 쉬우냐? [10]이제 사람의 아들이 땅에서 죄를 용서하는 권한을 가지고 있음을 너희가 알게 해 주겠다." 그러고 나서 중풍 병자에게 말씀하셨다. [11]내가 너에게 말한다. 일어나 들것을 들고 집으로 돌아가라." [12]그러자 그는 일어나 곧바로 들것을 가지고, 모든 사람이 보는 앞에서 밖으로 걸어 나갔다. 이에 모든 사람이 크게 놀라 하느님을 찬양하며 말하였다. "이런 일은 일찍이 본 적이 없다."

감히 죄를 용서하다니

마르 2,1-12는 이른바 샌드위치 구조로 되어있는데, 전문용어로 혼합양식(Mischgattung)이라 부른다. 1~5ㄱ절과 11~12절은 상황묘사(1~4절), 기적묘사(5ㄱ, 11절), 기적실증(12ㄱ절), 주변반응(12ㄴ절)으로 구성된 전형적인 치유기적사

화이고, 가운데 끼어있는 5ㄴ~10절은 논쟁 주제의 설정(5
ㄱ절), 적수들의 이의제기(6절~7절), 예수의 반박(8~10절)으로
이루어진 '논쟁사화' 다.

예수가 중풍병자를 향해 "얘야, 너는 죄를 용서받았다"
고 하자 율법학자들은 즉시 의문을 품는다. 예수의 말씀과
율법학자들의 의문을 이해하기 위해서는 먼저 두 가지 문
제가 풀려야 한다. 하나는 '예수가 어떤 분이기에 죄를 용
서할 수 있는가?' 이고 다른 하나는 '중풍병자에게 죄의 용
서가 합당한 치료행위인가?' 이다.

유대인들은 예로부터 죄의 용서를 하느님의 고유 권한으
로 여겼다(출애 34,7; 이사 43,25; 44,22). 이유는 간단한데 하느
님 한 분만 의롭기 때문이다. 가령 어떤 죄인이 법정에 섰
을 때 같은 죄를 지은 이가 재판관으로 앉아있으면 올바른
판결을 기대하기 어렵다. 이를테면, 부동산 투기 혐의를
받아 출두한 고위 관료에게 부동산 투기 전적이 있는 판사
가 공명정대한 선고를 내릴 수 없는 노릇이다. 비록 판사
의 부동산 투기가 아직 세간에 알려지지 않았다 하더라도
말이다. 사실 (드러났든, 그렇지 않는 간에) 죄 있는 자가 어떻게
죄인을 판단할 수 있겠는가? 그러므로 죄에서 완전하게 자
유로우신 하느님 한 분만 인간의 죄를 심판하고 용서할 수
있다. 그런 맥락에서 신, 구약 성서는 하느님에게 '의로우
신 분' 이라는 명칭을 부여했다.

다음으로 예수는 왜 중풍병자를 죄인 취급했을까? 이스
라엘에서는 예로부터 인간이 앓는 모든 병은 그가 지은 죄

에서 비롯된 것으로 간주했다. 구체적으로 하느님이 악마를 시켜 죄지은 인간에게 내리는 벌이 병이라는 것이다(1사무 16,14-23; 2사무 24,15이하; 이사 37,36; 민수 5,11-31; 욥기 2,7). 태생 소경인 자에 대한 질문을 담은 요한 9,1-3도 같은 맥락에서 이해할 수 있다. 예수는 그의 소경됨이 죄에서 비롯된 게 아니라 하느님의 영광을 드러내기 위한 것이라는 탁월한 설명을 했다.

사실 그런 식의 사고방식은 우리에게도 낯설지 않다. 만일 어떤 부부에게 장애인 자녀 한 사람 있다고 해 보자. 그러면 가능한 한 그 부부는 장애인 자녀를 드러나게 알리려 하지 않을 것이다. 특히, 다른 자녀의 혼담이 오가는 중이라면 더욱 그럴 텐데, 자칫 예비 사돈집에 미리 알려졌다가 파혼을 당할 위험성이 있기 때문이다. 그리고 어머니는 그런 슬픈 상황에서 '내가 지은 죄가 커서 이런 벌을 받았다'는 자학을 할 법하다. 어떤 식으로든 자신에게 닥친 불행의 원인을 밝혀내려는 게 인간의 본성인 까닭이다.

예수가 중풍병자에게 "애야, 너는 죄를 용서받았다"고 했을 때, 이는 모든 병이 죄에서 비롯되었다는 전통적인 사고방식의 반영이자 예수가 죄를 용서하는 권리를 하느님으로부터 물려받았다는 자신감의 표현이다. 율법과 전통을 고수하는 율법학자들의 입장에선 당연히 예수의 발언이 귀에 거슬렸을 것이다. 개인의 죄가 병을 불러일으키는 것은 당연하고 그 죄에서 벗어나는 일, 즉 죄인에서 의인으로 실존의 변화는 오직 하느님이 주도하는 영역이기 때문이다. 그들의 눈앞에서 예수가 하느님을 모독하고 있었다.

율법학자들의 의문에 예수는 반문을 한다. 한 가지 재미있는 점은 율법학자들의 맘을 읽은 예수가 던진 '죄의 용서와 병의 고침 중 어느 것이 더 쉽겠는가?' 라는 질문이다(8~9절). 과학적 실증의 차원에서는 물론 죄의 용서보다 꼼짝 못하고 누워있던 중풍병자가 벌떡 일어나는 게 어려울 것이다. 하지만 병든 몸이 아무리 기적적으로 건강해진들 어디 영원한 상과 벌을 주시는 하느님의 용서와 비길 수 있으랴? 가치를 따져볼 때 병 고침과 죄의 용서는 비교조차 불가능하다.

이런 일은 본적 없소

반문을 받은 율법학자들은 예수의 엄청난 도전 앞에 말문이 막혔다. 이제껏 죄를 용서하는 하느님의 고유 권한을 내세워 병을 고치는 이는 없었을 테니 말이다. 두말할 것도 없이 이 논쟁사회의 승자는 예수이다.

5ㄴ~10절에 나오는 예수의 권한에 대한 논쟁사화는 치유기적사화와 깊은 관련을 맺고 있다. 두 이야기가 얼마나 절묘하게 연결되어 있는지 한쪽만 따로 떼 내어 살펴볼 수 없을 지경이다. 따로 전해 내려왔을 법한 두 이야기를 한데 모아 정확하게 강조점을 부각시킨 복음서작가 마르코의 통찰과 노고가 돋보인다.

기적행위자는 흔히 기적 그 자체를 행할 능력이 있다는 데
서 주목을 받는다. 오늘날 한국에도 기적 능력을 뽐내는
성직자들이 종종 있다. 그래서 몸이 아픈 사람, 인생의 전
기를 맞고 싶은 사람, 수능 점수를 기적적으로 끌어올리고
싶은 학생과 부모들이 그들의 안수를 받으려 구름처럼 몰
려든다. 하지만 누구인가 '예수의 논쟁사화를 제대로 연구
해보자' 는 방을 써 붙이면 첫 수업을 하기도 전에 폐강이
되기 십상일 것이다. 그 둘을 절묘하게 합칠 수 있다면 기
가 막힐 텐데…….

　복음서에 전하는 예수의 모습을 보면 그 둘을 이상적으
로 조화시킨 분임에 틀림없다. 사실 예수에게 몰려왔던 이
들의 대부분은 기적에 목말라있었다. 그런데 예수의 기적
은 그저 기적으로 끝나지 않았다. 예수는 자신이 베푼 기
적의 의미, 곧 기적이 죄의 용서로 연결된다는 사실을 그
들에게 정확하게 가르쳐 주었다. 치유기적은 죄인을 안쓰
럽게 여기시는 하느님의 자상한 마음이며, 몸뿐 아니라 마
음의 상처까지 부드럽게 달래주는 섬세한 손길이다. 기적
의 진정한 의미는 병든 몸의 온전해짐이 아니라 그를 죄의
사슬에서 풀어주신 하느님의 놀라운 사랑이다. 그 어떤 기
적행위자도 줄 수 없는 하느님의 결정적인 구원 행위가 예
수의 말씀 한 마디를 통해 이루어진 것이다.

　"애야, 너는 죄를 용서받았다." 들것에 실려와 조금 전까
지 꼼짝도 못하던 중풍병자가 자기가 실려 왔던 들것을 들
고 유유히 걸어 나갔다. 이를 본 사람들은 예수에게 죄를

용서할 권한을 주신 하느님을 찬양하며 한소리로 외쳤다.
"이런 일은 일찍이 본 적이 없다." 예수의 기적이 갖는 성
격을 무엇보다 잘 보여주는 환호성이다(12절).

4.2. 부자는 불쌍해!

마르 10,17-27

새 정부가 들어서고 난 후 우리나라 경제가 곤두박질치고 있다. 경제의 달인을 자처하며 대통령이 된 분에게 숨 돌릴 틈도 없이 시험무대가 주어진 꼴이다. 과연 이 분만 따르면 우리 경제가 회생하여 경제 강국으로 세계 중앙에 우뚝 설 수 있을까? 그런 세태를 반영하듯 항간에 떠도는 말로, 우리나라 사람이 제일 좋아하는 세 가지는 돈, 머니, 캐시란다.

인간 본성의 한 가지 흥미로운 점은 호기심이다. 아무리 잘나가는 지도층 인사라도 궁금증은 풀어야 사는 법이다. 그래서인지는 몰라도 복음서에 보면 예수에게 많은 지도층 인사들이 와서 평소부터 궁금했던 점을 물어보았다. 하지만 지배층 인사가 갖는 약점은 결코 자신의 무지를 드러내려 하지 않는다는 사실이다. 오히려 어떻게 해서든 은연 중에 '나도 알 만큼은 아는 사람이다' 라는 인상을 내비치기 원한다. 그 역시 인간의 묘한 본성이다. 이제 다루려는 부자 청년 이야기는 논쟁이라기보다 대화에 가깝다. 하지만 청년은 분명 상당한 재산과 종교 지식을 가진 사람이었고 질문에도 의도적인 구석이 있어 분석해보기로 한다. 특히, 재물에 대한 청년의 강한 집착을 보면서 요즘 한국 사회의 중심 화두로 떠오른 경제만능주의가 머릿속에 떠오른 까닭도 있다.

마르 10,17-25 [17]예수께서 길을 떠나시는데 한 사람이 달려와서 그분 앞에 무릎을 꿇고 "선하신 선생님, 제가 영원한 생명을 물려받으려면 무엇을 해야 합니까?" 하고 물었다. [18]그러자 예수께서는 그에게 이렇게 말씀하셨다. "왜 나를 선하다고 합니까? 하느님 한 분 외에는 아무도 선하지 않습니다. [19]당신은 계명들을 알고 있지요. '살인하지 말라, 간음하지 말라, 도둑질하지 말라, 거짓 증언 하지 말라, 손해 끼치지 말라, 너의 아버지와 어머니를 공경하라' 고 했습니다." [20]그러자 그 사람은 예수께 "선생님, 그런 것은 제가 소년 시절부터 다 지켜 왔습니다"하고 말씀드렸다. [21]예수께서는 그를 눈여겨보고 대견하게 여기시며 말씀하셨다. "당신에게 한 가지가 부족합니다. 가서 가진 것을 모두 팔아 가난한 사람들에게 주시오. 그러면 하늘에서 보물을 차지하게 될 것입니다. 그리고 와서 나를 따르시오." [22]그러나 그는 이 말씀 때문에 슬픔에 잠겨 근심하면서 물러갔다. 사실 그는 많은 재산을 가지고 있었던 것이다. [23]그러자 예수께서는 주위를 둘러보시면서 제자들에게 "재산을 가진 사람들이 하느님 나라에 들어가기는 참으로 어렵구려!" 하고 말씀하셨다. [24]제자들은 예수의 말씀을 듣고 놀랐다. 예수께서는 거듭 그들에게 말씀하셨다. "어린 친구들! 하느님 나라에 들어가기란 참으로 어렵구려! [25]부자가 하느님 나라에 들어가는 것보다는 낙타가 바늘귀로 빠져나가는 것이 더 쉽습니다."

영원한 생명

어느 날 한 청년이 예수에게 다가와 질문을 넣는다. 그는 예수를 '선하신 선생님' 이라 부르는데 이는 유대 세계에서 찾아보기 힘든 호칭이다. 오히려 헬라 세계에서 종종 '선하신 분' 이라는 호칭이 발견된다(아가토스). 청년이 예수에게 구한 '영원한 생명' 을 유대 맥락에서 풀이하면, 부활 후에 맞닥뜨리게 될 최후의 심판에서 하느님으로부터 주어질 이상적인 구원상태를 뜻한다. 특히, 유대인들 사이에 인기가 높았던 바리사이들은 살아생전에 율법을 철두철미하게 지키면 죽은 후에 구원을 얻는다고 가르쳤는데, 생전에 쌓은 업적에 사후 보상이 주어진다는 뜻이다. 따라서 청년의 질문에 대한 예수의 답 역시 '율법을 성실하게 지켜라' (십계명의 준수)가 될 수밖에 없는 노릇이었다.

예수는 십계명에서 4계명 이후의 계명들, 즉 인간 사이에서 지켜야 할 계명을 청년에게 답으로 주었다. "살인하지 말라, 간음하지 말라, 도둑질하지 말라, 거짓 증언 하지 말라, 손해 끼치지 말라, 너의 아버지와 어머니를 공경하라." 하지만 이 대답엔 무엇인가 묘한 구석이 있다.

유대인 성인 남성은 아침과 저녁에 의무적으로 '쉐마 이스라엘'이라는 신앙 고백문을 바친다. 구체적으로 "들어라(쉐마) 이스라엘아, 우리 하느님이신 주님은 오직 한 분인 주님이시다. 그러므로 네 온 마음으로, 네 온 혼으로, 네 온 정신으로, 네 온 힘으로 너의 하느님이신 주님을 사랑하라"이다(신명 6,4-5; 11,13-21; 민수 15,37-41 참조). 유일신 하느님을 찬양하고 이스라엘을 선택하신 사랑에 감사해 오직 하느님만 섬기겠다는 의지를 내용으로 한다. 따라서 예수는 무엇보다 먼저 하느님 계명, 즉 제1, 2계명을 청년에게 요구했어야 옳다. 그런데 난데없는 제4, 5, 6, 7계명이라니!

유대인에게 하느님을 섬기는 일은 목숨처럼 중요했다. 하지만 뒤집어 생각하면 하느님을 지극정성으로 섬기고 최고의 영광을 돌린다고 해서 그분이 더 위대해지시거나 영광이 더해질 리 만무다. 하느님은 우리가 섬기지 않아도 이미 충분히 거룩하시고 충분히 영광스러우신 분이다. 그런 맥락에서, 인간이 '하느님을 위해 무엇인가 하겠다'고 나설 땐 시건방진 처사가 될 뿐이다.

예수는 청년에게 하느님 섬김은 제쳐두고 인간 섬김을 강조한다. 그런데 청년은 예수의 대답을 과소평가한 듯하다. 너무도 당당하게 '자신은 어린 시절부터 그 계명들을 충실히 지키고 있다'는 답을 하지 않았는가. 비록 본문엔 나오지 않지만 청년의 거리낌 없는 대답 후에 잠시 침묵이 흘렀을 것이다. 그러더니 예수의 입에서 청천벽력 같은 말씀이 떨어졌다. '당신에게 한 가지가 부족합니다. 가서 가진 것을 모두 팔아 가난한 사람들에게 주시오.'(21절)

집착을 버리시오

청년의 자신감 넘치는 대답에 예수는 아마 어이가 없었을 것이다. 동문서답이었으니 말이다. 예수는 청년을 물끄러미 바라보면서 청년이 가진 문제점을 파악했다. 청년의 마음 깊숙한 곳에 물욕이 있었던 것이다(22절 : "그는 많은 재산을 갖고 있었다"). 모든 세상 포기해도 재물만은 결코 포기할 수 없으며, 만일 재물이 사라지면 비록 숨을 쉰다 해도 진정한 의미에서 '살아있음'은 아니다. 그 청년에게는 '재물'이 존재의 이유였다.

전 재산을 팔아 가난한 이에게 나누어주라! 실로 예수의 직관은 정확했다. 그 말 한 마디에 청년은 그만 수심 가득한 얼굴로 돌아섰고 말았다. 그리고 슬프게 돌아서는 청년이 뒤 꼭지에 대고 하신 말씀이 저 유명한 "부자가 하느님 나라에 들어가는 것보다는 낙타가 바늘귀로 빠져나가는 것이 더 쉽습니다."(25절)이다. 헬라어 원문에는 '카멜론'(낙타)으로 되어 있지만 비슷한 발음의 '카밀론'(굵은 밧줄)이 오히려 문맥에 잘 맞는다는 설도 있다.

　교회에서는 전통적으로 이 본문을 자선을 행하라는 뜻으로 해석해 왔다. 이웃 사랑의 적극적인 표현은 재물을 팔아 이웃을 돕는 것이고 그 결과 하늘나라에 재물을 쌓인다. 물론 예수의 말씀이 '이웃 섬김'의 명령임은 분명하다. 그러나 곰곰이 생각하면 진짜 의도가 따로 숨어있음을 알 수 있다.

　부자 청년 말고도 많은 이들이 예수의 뒤를 따른다고 나섰다. 하지만 그들에겐 언제나 핑계거리가 넘치고도 남았다(루가 9,57-62). 또한 예루살렘 입성을 코앞에 두고 야고보와 요한이 은밀히 찾아와 거사 후의 자리 부탁을 하자 예수는 그들에게 물었다. "당신들은 내가 받는 잔을 마실 수 있습니까?" 여기서 '잔을 마신다'는 '목숨을 내놓다'는 말의 우회적인 표현이니까(마르 14,36), 결국 예수가 제자들의 목숨을 요구한 셈이다.

　따라 나선다고 작정한 이들에게 예수는 무엇인가의 포기를 요구한다. 재산의 포기, 자식 도리의 포기, 직업의 포기, 가족의 포기, 목숨의 포기 등등. 예수가 추종자들의 뇜됨이를 잘 관찰해 그의 맘이 가 있는 곳을 효과적으로 알려준 것이다. 효자는 부모에, 가장은 가족에, 정치인은 자리에, 소인배는 떡고물에 관심이 있다. 부자 청년은 돈에 지대한 관심이 있었다.

불교에선 욕심을 버리라고 가르친다. 공즉시색空即是色, 색즉시공色即是空일 뿐이니 집착을 버려야 하는 것이다. 예수의 말씀들을 훑어보면 종종 불교의 가르침을 통해 보다 쉽게 이해되는 경우가 있다. 예수는 우리에게 요구한다. '집착을 버려라. 영생을 얻을 것이다.' 기원후 4세기경, 기성 교회에 실망한 신앙인들이 예수의 말씀을 따라 모든 것을 버리고 사막으로 가서 '은수자'가 되었다. 이른바 사막 교부들로, 그들에서부터 수도회가 처음 시작되었다고 한다.

예수는 부자청년에게 우선 '이웃 사랑'을 가르쳤다. 그러나 자만심에 넘친 청년은 예수에게 보다 그럴듯한 해답을 요구했고 예수는 충격적인 해결책을 제시했다.

'전 재산을 포기하라.'

예수의 말씀을 따르자니 지갑이 울고, 지갑을 채우자니 부자청년 꼴이 날까 봐 무섭다.

4.3. 다시 태어나요?

요한 3,1-12

대화를 나눌 때, 비록 성문법으로 정해놓지는 않았지만 한 가지 묵계가 있다. 상대의 말을 잘 듣고 신중하게 대답하는 것이다. 특히, 지혜로운 이 앞에서는 절대 잘난 체를 하지 말아야 하는데, 무엇인가 조언을 얻으려 찾아갔을 경우는 더욱 그렇다. 탈무드에 보면 현인賢人은 대화를 나눌 때 다음과 같은 모습을 보여준다고 한다.

- 자신보다 어진 사람 앞에서는 귀를 기울인다.
- 남이 말할 때 허리를 동강내지 않는다.
- 대답하기 전에 생각을 한다.
- 화제와 관계있는 질문을 하고, 도리에 맞는 답을 한다.
- 모르는 것은 모른다고 대답한다.

그리고 어리석은 사람에게 다음과 같은 충고를 한다.

- 다른 사람의 입에서 나오는 말보다 자신의 입에서 나오는 말을 잘 듣는다.
- 서둘러 대답하는 사람은 서둘러 잘못을 저지르는 것이다.
- 일단 입 밖으로 튀어나오면 그 말이 자신의 주인이 된다.
- 침묵도 하나의 대답일 수 있다.

사실 앞의 대화법을 잘 익혀두면 어디 가든 현자라는 칭송을 받을 법 하다. 하지만 우리 대부분은 침묵의 대화법을 익힌 현자로 사느니 차라리 할 말 다 하고 죽는 자존심의 사람으로 남기 원한다. 어느 날 밤인가 자존심의 사람 니코데모가 은밀하게 예수에게 찾아와 이야기를 나누었다.

요한 3,1-12 ¹바리사이들 중에 이름을 니고데모라고 하는 사람이 있었는데 유대인들의 의회의원이었다. ²그가 밤에 예수께 와서 이렇게 말하였다. "랍비, 당신이 선생으로서 하느님으로부터 오신 줄을 우리는 압니다. 하느님께서 함께 계시지 않는다면 아무도 당신이 행하시는 그런 표징이적을 행할 수 없습니다." ³예수께서 대답하여 "진실히 진실히 당신에게 이릅니다. 누구든지 위로부터 나지 않으면 하느님 나라를 볼 수 없습니다"하고 말씀하셨다 ⁴니고데모가 예수께 "이미 늙은 사람이 어떻게 새로 날 수 있겠습니까? 어머니 뱃속으로 다시 들어갔다가 태어날 수야 없지 않겠습니까?"하고 말했다. ⁵예수께서 이렇게 대답하셨다. "진실히 진실히 당신에게 이릅니다. 누구든지 물과 영으로부터 나지 않으면 하느님 나라에 들어갈 수 없습니다. [6]육으로부터 난 것은 육이고 영으로부터 난 것은 영입니다. [7]당신들은 위로부터 새로 나야 한다고 내가 당신에게 말했다고 해서 놀라지 마시오. [8]바람은 불고 싶은 곳으로 붑니다. 그리고 당신은 그 소리는 듣지만 어디서 와서 어디로 가는지를 모릅니다. 영으로부터 난 이는 모두 이와 같습니다." [9]니고데모는 "어떻게 그런 일이 이루어질 수 있습니까?"하고 되물었다. [10]예수께서 대답하여 이렇게 말씀하셨다. "당신은 이스라엘의 선생인데 그런 것도 모릅니까? [11]진실히 진실히 당신에게 이릅니다. 우리는 우리가 알고 있는 것을 말하고 우리가 본 것을 증언합니다. 그러나 당신들은 우리의 증언을 받아들이지 않습니다. [12]내가 당신들에게 땅의 일을 말했어도 당신들은 믿지 않는데, 내가 하늘의 일을 말한다면 어떻게 믿겠습니까?"

위로부터 태어남

니코데모는 바리사이파 율사이자 유대교 최고회의(산헤드린)의 구성원이었다. 그가 이름난 선생이라는 사실을 예수도 알고 있었으니 니코데모의 위상을 미루어 짐작할 수 있다(4,10절). 당시 제도권 유대교를 대표하는 인물로 보아도 무방하다는 뜻이다. 사실 니코데모의 질문은 질문이라기보다 찬사에 가깝다. 예수에게 적대적이었던 다른 바리사이들과 달리 평소부터 예수를 존경해왔음을 알 수 있는 대목이다. 그는 예수가 하느님이 보낸 인물임을 확신했던 것이다(2절). 하지만 예수가 재야의 종교지도자라는 점이 못내 맘에 걸렸던지 모두들 잠든 야음을 타 은밀히 찾아왔다.

비록 니코데모가 예수를 만나 이런저런 넋두리를 늘어놓았지만 실제로 숨겨놓은 질문은 따로 있었다. 예수는 마치 니코데모의 폐부를 꿰뚫어 본 듯 단박에 그의 영혼에 드리워진 그늘을 찾아낸다. 그는 죽음이 두려웠던 것이다. "누구든 위로부터 태어나지 않으면 하느님 나라를 볼 수 없습니다."(3절) 니코데모는 '태어난다' 라는 동사에 귀가 번쩍 뜨였던 모양이다. "어찌 이미 늙은 사람이 어떻게 새로 날 수 있겠습니까? 어머니 뱃속으로 다시 들어갔다가 태어날 수야 없지 않겠습니까?"(4절) 대화가 꼬이는 느낌이 든다.

예수는 '태어나다' 에 앞서 '위로부터' (아노텐)라는 부사를 사용했다. 육은 아래에서 오고 영은 위에서 온다. 육으로 태어난 모든 인간은 육적인 죽음을 맞이한다. 아래의 질서에 따른 것이다. 그러나 영은 위의 질서이다. 영으로 태어난 사람은 영원한 생명을 얻으니, 곧 육으로 태어난 인간이 위의 질서, 곧 하느님의 질서로 영원한 삶에 진입한다. 5절에 짝을 이루어 나오는 '물과 영' 에서 '물' 은 세례를 가리키며, 세례를 통해 '위' 와 '아래' 는 하나를 이루게 된다. 요한복음서의 구원론은 그렇게 요약될 수 있다(스테판 버니, 「놀라운 변화」, 박태식 역, 생활성서사 2001, 38~56쪽 참조).

'위로부터' 라는 부사를 놓쳤던 니고데모는 다시 한 번 답

답한 소리를 내뱉는다. "어떻게 그런 일이 이루어질 수 있습니까?"(9절) 니코데모의 부족한 이해력을 감안해서인지 예수는 좀 더 쉽게 풀이한다. 아래의 질서란 '땅의 질서'이고 위의 질서란 '하늘의 일'이라고 정확하게 구분해준 것이다(12절). 예수의 말씀에 대한 어떤 반응도 없이 니코데모는 이야기에서 갑자기 사라진다. 예수의 풀이로 그저 그렇게 논쟁이 끝난 셈이다. 요란하게 울린 변죽에 비해 마무리는 좀 싱거운 편이다.

서구 신학자들은 니고데모가 예수의 말씀을 곡해했다고 여긴다. 그런 까닭에 영적으로 태어나야 한다는 말씀을 잘못 알아들어 어머니 뱃속에 다시 들어가야 한다는 식으로 받아들였고(4절), 재차 같은 질문을 하는 어리석음(9절)을 자초했다는 식으로 설명한다. 그렇게 우매함만 잔뜩 드러낸 채 사라지고 말았으니……. 니코데모와 예수의 논쟁을 통해 아무리 뛰어난 지식을 갖춘 시대의 스승이라 하더라도 결국 믿음이 없으면 구원받을 수 없다는 사실이 적나라하게 드러난 셈이다(12절). 하지만 필자 생각은 다르다.

니고데모는 정말 어리석은 사람일까?

고대 헬라 세계에서는 다양한 수사학이 유행했다. 그중에 하나가 '아이로네이아'인데 상대의 무지無智를 폭로시킴으로써 스스로 깨닫게 만드는 논쟁 방법이다. 인간에게는 늘 무지 대한 두려움(아포리아)이 있다. 그런데 만일 자신이 가진 무지의 정체를 정확히 인식할 수 있다면 새로운 차원으로 정신세계를 상향조정할 수 있다. '아이로네이아'는 그런 효과를 불러오는 논법이자, 소크라테스가 제자들과 대화를 나눌 때 즐겨 사용한 산파술産婆術의 하부 논법이기도 하다.

이야기를 따라가 보면 니코데모가 예수가 쳐놓은 논리 사슬에 정통으로 걸려들었음을 알 수 있다. 늙은이로서 그 역시 무지(죽음)에 대한 크나큰 두려움을 갖고 있었다. 그런데 다시 태어날 수 있다니……. 어찌 그럴 수 있는가? 예수의 답은 간단하지만 깊이를 알기는 쉽지 않다. "육으로부터 난 것은 육이고 영으로부터 난 것은 영입니다."(6절)

'하느님 나라를 본다' '위로부터 태어나다' '물과 영' '육은 육이고 영은 영이다' 등등. 예수는 인간의 구원을 설명하면서 일상적인 언어를 피하고 있다. 그 증거가 바로 니코데모의 몰이해이다. 그는 예수의 파격적인 언어 쓰임새 앞에서 어떻게 그런 말씀을 할 수 있는지 혼신의 노력을 기울여 물어보았다. 말하자면 이스라엘의 유명한 선생은 결코 어리석은 자의 대명사가 아니라, 진리를 간절히 추구하는 구도자의 길을 택한 것이었다.

'산은 산이고 물은 물이다.' 성철 스님의 저 유명한 화두이다. 이를 두고 많은 이들이 다양한 해석을 내리는데, 아마 그 해석들은 모두 맞을 것이다. 왜냐하면 선禪문답 차원에서 이해될 수 있는 법어이기 때문이다. 선사들은 일찍이 언어의 한계를 파악하여, 오히려 언어로 지탱되는 논리를 깨뜨림으로써, 아니 한 걸음 더 나아가 언어를 파괴함으로써 깨달음에 자유롭게 도달할 수 있었다. 불립문자不立文字의 차원이다. 요한복음에 등장하는 예수도 그 비슷한 가르침을 베푼다. 니코데모는 예수와 논쟁을 벌이고 난 후 집으로 돌아가면서 아마 큰 깨달음의 순간을 맞았을 것이다. 인간의 언어로 도저히 추리해낼 수 없는 하느님에 대해서 말이다. 후일담을 들을 수 없는 게 안타까울 따름이다.

하느님의 세계는 인간의 언어로 설명할 수 없다. 절대타자로 초월하신 분이기에 마치 창문에 드리운 커튼이 바람에 날리면서 언뜻 밖이 보이듯, 그분에 대해 단편적으로 알 수 있을 뿐이다. 언어란 그처럼 믿을 게 못된다. 언어에 기대는 습성을 버려야 인간은 하느님에 대한 통찰력을 키울 수 있다. 오늘의 논쟁사화는 그 점을 우리에게 일깨워주고 있다.

말로는 곤란하다.

4.4. 아니, 저 아까운 기름을……

요한 12,1-8

요한복음서는 흔히 '영적인 복음서'로 불린다. 알렉산드리아의 클레멘트가 "요한복음서는 '육적인 것들'에만 관심을 쏟는 초대 주석들(공관복음서)을 보충하여 '영적인 복음서'를 쓰는 것이 목적이었다"고 한 까닭이다. 그런 별명에 걸맞게 실제로 요한복음서에는 알듯 말듯 한 표현들이 많이 등장하고 심안心眼이 떠져야 깨달을 법한 내용이 종종 나온다. 요한복음서의 도유사화(12,1-8) 역시 쓰여 있는 문자 건너편의 뜻을 읽어내야 한다. 요한복음서의 도유사화를 다루는 이유는 재물의 가치를 두고 예수와 유다 사이에 벌어진 논쟁이 끼어 들어가 있기 때문이다.

네 복음서에 보면, 도유사화는 비단 요한 12:1~8뿐 아니라 세 편이 더 나온다(마르 14,3-9; 마태 26,6-13; 루가 7,36-50).

그 도유사화들 사이에 공통점들과 차이점들이 겹쳐있어 전승과정에서 서로 어떤 관계를 맺는지 정밀하게 따져보아야 하지만, 그 작업은 자칫 지난하게 비칠 수 있으니 여기서는 그저 본문을 따라가는 형식을 취하겠다.

 [1]과월절 엿새 전에 예수는 베다니아로 가셨다. 그곳에는 예수가 죽은 이들 가운데서 살리신 라자로가 있었다. [2]거기에서 예수를 위해 잔치를 베풀었는데 마르타는 시중을 들었고 라자로는 예수와 함께 음식상을 받고 있던 사람들 가운데 끼여 있었다. [3]마리아는 값진 순 나르드 향유 한 리트라를 가지고 와서 예수의 발에 바르고 자기 머리털로 그 발을 닦아드렸다. 그러자 그 집은 향유의 향기로 가득 찼다. [4]이때 예수의 제자들 중의 하나이며 후에 그분을 넘겨 줄 유다 이스가리옷이 말했다. [5]"어찌하여 이 향유를 삼백 데나리온에 팔아서 가난한 사람들에게 주지 않았는가?" [6]그가 이렇게 말한 것은 가난한 사람들을 염려해서가 아니라 그는 도둑이어서 돈주머니를 맡아 가지고 있으면서 거기에 집어넣었던 돈을 가로채곤 했기 때문이다. [7]그러니 예수께서 말씀하셨다. "내 장례날을 위해 그것을 하도록 그 여자를 두시오. [8]사실 여러분은 주변에서 가난한 사람들을 항상 만나게 되지만 나하고 언제까지나 함께 있는 것은 아닙니다."

장례식 준비

과월절 엿새 전에 일이 생겼다. 일이 생긴 시점時點인 '과월절 엿새 전'은 예수의 공생애 마지막 한 주일(수난주간)이 시작되는 때이니, 바야흐로 예수 수난과 관련된 모종의 사건이 벌어지려는 참이었다. 게다가 바로 전에 소생(11,1-44)한 나자로까지 등장시킴으로써 '도유사화'가 예수의 죽음과 부활을 동시에 암시하는 효과도 가져왔다. 복음서작가 요한의 치밀한 편집 작업으로 여겨진다.

잔치 자리에 돌연 마리아가 등장해 예수의 발에 한 리트라의 나르드 기름을 바르고 그녀의 긴 머리로 기름을 닦아냈다. 원래 이스라엘은 광야 성 기후인지라 외출했다 들어오면 반드시 먼지 묻은 발을 씻어야 한다. 예수도 제자들의 발을 씻음으로써 (종으로서) 봉사의 자세를 보여준 바 있지 않은가(13,1-20). 그런데, 종도 아닌 여염집 여자 마리아가 향유를 예수의 발에 붓고 닦았다는 사실은 베다니아의 잔치 자리에서 대단히 예외적인 일이 일어났다는 사실을 알려주기에 충분하다.

나르드 기름은 전량 동방에서 들여왔기에 이스라엘에서 아주 귀했다. 좋은 향기와 더불어 피부병 치료에 효과가 있었다고 한다. 결코 함부로 쏟아 부을 만한 물건이 아니라는 말이다. 한 리트라는 327.45그램으로 로마식으로 따져 한 파운드에 해당하며 값으로는 약 삼백 데나리온이다. 노동자의 하루 품삯이 한 데나리온이었으니까(마태 20,2) 삼

백 데나리온이면 거의 일 년 치 수입에 해당한다. 서민들
은 만져볼 수조차 없는 정도의 양이었다. 그렇다면 마리아
가 잔치 자리에 나타나 나르드 기름을 부은 이유는 무엇일
까?

　유대인의 전통적 율법해석 모음집인 『미드라쉼』에 보면
"좋은 기름(나르드 : 성유)의 향기는 온 방안에 퍼진다. 그처
럼 아름다운 이름도 온 세상에 퍼져 다른 사람들에게까지
알려진다"(코헬렛 7,1)라는 말이 나온다. 이는 큰 인물이 마치
기름 향기가 퍼지듯 명성을 세상에 날리리라는 뜻이다. 그
리 보면 마리아의 기름부음은 예수의 지고하심이 장차 온
세상에 널리 퍼지리라는 예고이자 그에 걸 맞는 존경심 가
득한 봉사로 설명할 수 있다. 같은 맥락에서 머리카락을
사용해 예수 발에 부은 기름을 닦은 행동도 이루어졌다.
그러나 마리아의 행동을 바라보는 주위의 눈길은 곱지 않
았다. "어찌하여 이 향유를 삼백 데나리온에 팔아서 가난
한 사람들에게 주지 않는가?"(5절)

　유다의 불평은 마리아의 행동과 극적 대비를 이룬다. 마
리아는 삼백 데나리온 어치의 값비싼 나르느 향유를 예수
의 발에 들어부었지만 유다는 향유를 팔아 가난한 이들 돕
지 못한 게 못내 아쉽다. 사실 삼백 데나리온이면 예수를
모시고 다녔던 제자들 처지에서 어마어마한 돈이 아닐 수
없다. 유다는 빈자들을 돕자고 말하면서 내심 '저 정도 돈
이면 우리도 이렇게 궁색하게 살지 않을 텐데……' 라는
회한이 들었는지도 모르겠다. 아무튼 이 이야기를 통해 여

성 제자 마리아가 예수에 대한 존경심이라는 가치로 나르
드 기름을 평가한 반면, 남성 제자이자 훗날 예수를 배반
한 유다는 기름을 경제적인 가치로 평가했음이 극명하게
드러난다.

유다에 대한 예수의 반응은 차갑기 짝이 없다. "내 장례
날을 위해 그것을 하도록 그 여자를 두시오. 사실 여러분
은 주변에서 가난한 사람들을 항상 만나게 되지만 나하고
언제까지나 함께 있는 것은 아닙니다."(7~8절) 마리아는 예
수의 지고함을 깨닫고 귀한 물건을 바쳤다. 예수는 마리아
의 행동을 막지 않음으로써 예수의 죽음이 갖는 의미를 주
변인들로 하여금 되새기게 만들었다. 비록 지금 나르드 기
름을 팔아 돕는다 할지라도 가난한 사람들은 언제나 남아
있을 것이다. 그러나 예수는 며칠 내로 죽음을 맞게 된다.
시간이 얼마 남지 않았다. 마리아의 행동에 주목하시오!
예수는 자신의 임박한 죽음을 분명히 알고 있었다("내 장례
날을 위해"). 마리아 역시 그 사실을 잘 알고 있었으며 인간
이 보여줄 수 있는 가장 심오한 헌신의 방법으로 예수에
대한 자신의 사랑을 표현한 것이다. 마리아의 행동은 믿음
의 웅변적인 증거이다.

경제논리는 허구다

요즘 우리나라의 화두는 온통 경제다. 소고기를 미국에
서 들어와야 나라가 살고, 영어를 잘해야 잘사는 나라가

되고, 자본주의 국가에 살다보면 땅을 너무나 사랑해서 45번이나 사고팔아도 큰 문제 삼을 것 없다고 한다. 나라 경제만 살려놓으면 아무리 부족해도 용서할 수 있다는 게 대통령의 논리인 듯싶다. 그렇다고 해서 이게 어제 오늘 갑자기 생긴 일은 아니다. 세상살이를 경제논리로 풀어나가려는 풍조는 예수 시대에도 이미 있었다.

유다의 질문을 풀어나가는 예수의 시각은 무척 재미나다. 가난한 이들은 언제나 주변에 있다는 것이다. 우리는 흔히 가난하고 병든 사람이 단 한 명도 없는 이상 사회를 꿈꾼다. 분배를 적절하게 하고 사회주의 이념의 복지국가를 설립하고 평균소득을 3천 불로 끌어올려주면 북한의 가난도해결된다는 생각을 한다. 하지만 하느님이 창조한 세상의 질서는 우리 판단과 전혀 다르다. 장애인이 하느님의 영광을 드러내고(요한 9,3), 찢어지게 가난한 과부는 전재산을 하느님께 바치고(마르 12,44), 이방인이 오히려 놀라운 믿음을 보여준다(루가 7,9). 그러니 인간이 하느님의 질서를 넘볼 수 있다는 생각을 아예 하지 말 일이다.

물론 '가난한 이를 돕자'는 말 자체는 하자가 없지만, 이것이 은전 30냥에 예수를 팔아넘긴 유다의 입에서 나왔다면 이야기가 달라진다. 그는 돈에 환장한 사람이기 때문이다. 유다가 겉으로는 비록 가난한 사람을 위하는 척 했지만 실은 돈을 뒤로 빼돌리려는 흑심을 품고 있었다고 한다(13,29). 또한 치졸한 남성 제자 유다와 헌신적인 여성 제자 마리아를 비교한 점도 눈여겨 볼만하다.

예수의 말씀은 하나님 앞에서 그리스도인이 내려야 할 실존적 결단의 요구이다. 사람은 자신의 존재 이유를 종종 자기 외부에서 찾으려 한다. 하지만 한 세상 그렇게 정신없이 쫓아다니다 보면 빈껍데기만 남기 마련이다. 예수는 베다니아에서 자신을 완전히 포기하고 예수에게 온전히 헌신하는 여인을 만났다. 여인의 행동을 보면서 예수는 추종자들 중 그 누구에게서도 발견하지 못했던 참다운 믿음을 보았던 것이다. 그 여인이 자신의 일을 하도록 놓아두어야 한다(3절).

'베다니아의 도유사화'는 특히 여성신학자들에게 환영을 받는 본문이다. 여인의 헌신적인 행동은 예수를 감동시켰고 그리스도인이 견지해야 할 자세의 모범 사례를 제시했기 때문이다. 여성신학적인 관점에서 이 본문을 분석한 논문 한 편을 소개한다.

---

* 최혜영, "예수께 향유를 부은 여인의 이야기", 「신학전망」, 1993년 3월호.

5. 예수의 정체

5. 예수의 정체

5.1. 그래봤자 사탄의 하수인 아니요?

마르 3,22-30

예수의 특별한 점은 무엇이었을까? 오늘의 시각이 아니라 2천 년 전 예수 주변에 몰려들었던 사람들의 눈에 비친 예수의 모습은 과연 어떠했을까? 곳곳에서 많은 가르침을 베풀었으니 교사라는 인상이 지배적이었을까? 아니었을 테다. 그분에게서 받은 일차적인 인상은 상식으로 설명하기 불가능한 현상들을 만들어내는 기적행위자였을 것이다. 빵 다섯 개와 두 마리의 물고기로 5천 군중을 먹이고, 무화과나무를 단숨에 말라비틀어지게 하고, 물 위를 걷는 이분은 도대체 누구일까?

이 같은 놀라운 현상들 중에 특히 귀신을 쫓아낸 사건은 길이 기억될 만했다. 복음서에 기록된 바에 따르면 인간을 사로잡아 사납게 변신시키는 귀신의 힘은 실로 놀랍기 짝이 없었다. 거품을 문 채 경련을 일으키고 마구잡이로 불에 뛰어들고 무덤을 제 집처럼 드나들며 쇠사슬로도 묶어둘 수 없는 괴력을 발휘했다(마르 5,1-5) 그런데 예수의 몇 마디로 귀신은 가볍게 쫓겨나고 그놈에게 사로잡혔던 불쌍한 사람이 순식간에 평온을 되찾았으니, 예수의 능력은 찬양받아 마땅했다. 하지만 같은 사건을 전혀 다른 시각으로 바라보는 자들이 있었다.

마르 3,22-30 [22]한편 예루살렘에서 내려온 율사들은 말하기를 "그는 베엘제불에 사로잡혀 있다"고도 하고, 또는 "귀신 두목의 힘을 빌려 귀신들을 쫓아낸다"고도 했다. [23]예수께서는 그들을 가까이 불러 놓고 비유를 들어 말씀하셨다. "어떻게 사탄이 사탄을 쫓아낼 수 있습니까? [24]한 나라가 스스로 갈라지면 그 나라는 지탱할 수 없습니다. [25]또한 한 집안이 스스로 갈라지면 그 집안은 지탱할 수 없습니다. [26]이와 같이 사탄도 자신을 거슬러 일어나 갈라지면 지탱할 수 없고 끝장이 납니다.

[27]실상 먼저 힘센 자를 묶어 놓지 않고서는 아무도 그 힘센 자의 집에 들어가서 세간을 강탈할 수 없습니다. 묶어 놓아야 그의 집을 강탈하게 될 것입니다. [28]진실히 나는 여러분에게 이릅니다. 사람들이 어떤 죄를 짓고 신성모독을 해도, 아무리 심한 신성모독을 해도 모두 용서받을 것입니다. [29]그러나 성령에 대해서 모독하는 사람은 영원히 용서받지 못하고, 영원한 죄업을 짊어지게 될 것입니다." [30]사실 그들은 "그가 더러운 영에 사로잡혀 있다" 고 말했던 것이다.

베엘제불과 사탄

마르 3,20-35는 이른바 샌드위치 구조를 갖고 있다. 20~21절과 31~35절은 예수의 친척들이 예수를 만나러 왔을 때 벌어진 일이고 그 사이에 끼어있는 22~30절은 귀신을 쫓아내는 그분의 능력에 대한 율사들의 공격과 예수의 반론이다. 이렇게 두 이야기가 하나로 섞여 들어가게 된 이유는 21절의 "그분이 정신이 나갔다"는 소문이었다. 즉, '예수가 귀신에 사로잡혀 정신이 나갔다고 오해를 받는 처지가 되었다' 는 복음서작가의 상상력이 두 이야기를 하나로 묶는 단초를 제공했던 것으로 보인다.

유대교의 심장부인 예루살렘에서 온 율사들은 예수가 베엘제불에 사로잡혔거나, 귀신 두목의 힘을 빌려 귀신을 쫓아낸다고 몰아세웠다. 구약성서에 보면 아하지아 왕이 에크론 시市의 수호신에게 자신의 병이 나을지 물어본 까닭에 예언자 엘리야의 분노를 샀는데(2열왕 1,2 이하), 에크론의 수호신이 바로 '베엘제불'이다. '집의 주인', 혹은 '신들을 거느리는 이'란 뜻이다. 그런데 구약성서에서는 이름을 절묘하게 바꾸어 '바알제붑', 즉 '파리의 신'이라고 부름으로써 이 신의 원래 위상을 격하시켰다. 이렇게 이방신을 우스꽝스럽게 만든 것은 야훼 종교와 이방 종교와의 관계 설정에서 이루어졌다. 또한 두 번째 가능성으로 제시한 '귀신 두목'은 구체적으로 예수를 40일 동안 유혹했던 '사타나스'(사탄 : 23~26절 참조)를 가리킨다. 정리하면, 예수가 이방신의 괴수인 베엘제불에게 사로잡혔거나 유대의 귀신 두목인 '사탄'의 하수인이라는 것이다. 어느 쪽으로 보든 예수의 기적은 악의 세력이 빚어낸 작품일 뿐이다.

예루살렘에서 내려온 종교지도자들은 예수의 기적을 현장에서 접하고 이를 깎아내릴 기막힌 구실을 찾아냈다. 사실 듣기에 따라서는 그럴듯한 설명이고, 그들의 관찰이 자못 냉철해 보이기까지 한다. 그러나 이면엔 예수에 대한 두려움이 숨겨져 있음을 알 수 있는데, 곧 예수를 막강한 상대(베엘제불, 사탄)로 인식한 것이다. 또한 이를 통해 우리는 예수의 구마驅魔기적이 크나큰 사회적 충돌을 야기했으며, 예수의 적수들조차 그분의 기적 능력을 인정할 수밖에 없었던 반증反證을 읽어낼 수 있다. 예수는 실제로 구마기적을 행한 것이다.

예수가 활동하던 시대의 이스라엘에서는 기적의 가능성과 현실성에 대해서 의심하지 않았다. 다만 율법에 따라

하느님의 인정을 받은 기적(마르 8,11)과 백성을 홀리는 마술
(사도 5,35-37)이 구분되었을 뿐이다. 따라서 율법 해석의 공
인된 권위자인 율사(22절)들의 판단은 예수를 곤경에 몰아
넣기에 안성맞춤이었다. 이제 예수는 짧은 비유 하나
(23~25절)와 비유 해설(26~27절)을 통해 자신을 증명한다.

갈라진 나라와 집

예수의 비유는 언제나 그렇듯 자연스러운 이야기 흐름과
쉽고 정확한 한 가지 의미를 강점으로 한다. 어느 나라나,
어떤 집이나 내분이 발생하면 위기가 닥치기 마련이다. 서
로 피하지 않고 정면충돌 하면 시청 앞 서울광장에 조용한
날이 없고, 재벌 아버지의 유산을 놓고 쌈이 붙으면 피를
나눈 형제자매를 가리지 않고 서로의 치부를 들춰낸다. 나
라든 집이든 한 마디로 망조가 드는 것이다. 만일 예수가
악의 힘을 빌려 귀신을 내쫓는다면 악의 세력에 분열이 생
겨 결국 끝을 보고 마는 셈이다. 하지만 보다 중요한 말씀
은 비유의 결론이자 풀이로 제시된 26~27절이다. 여기에
보면 악의 세력을 처단할 분으로서 예수의 자의식이 드러
난다. 예수는 악을 제압하여 모든 병과 귀신으로부터 인간
을 자유롭게 하시는 하느님의 절대 권위를 가진 분이다.
따라서 하느님의 능력을 자유자재로 발휘하여 귀신 두목
마저 제압할 수 있는 것이다.
'갈라진 나라와 집'의 비유와 그 해설을 통해 우선 귀신

을 내쫓는 예수의 능력이 베엘제불이나 사탄에게서 비롯되었다는 율사들의 공격이 논리적으로 반박되었음을 알 수 있다. 그리고 한 걸음 더 나아가 예수가 강한 자를 옴짝달싹 못하게 묶어 악의 세력을 끝장내는 하느님의 능력을 가진 분이라는 사실까지 드러났다(마태 12,27; 루가 11,18 참조). 말하자면, 비유는 비유로 끝나는 게 아니라 하느님 나라의 선포로 보아야 한다.

28~30절에서 갑자기 새로운 주제가 등장한다. 모든 죄는 용서받을 수 있으나 성령을 거슬리는 죄는 용서받을 수 없다고 하여 성령의 존재를 부각시켰는데, 이 구절이 원래는 22~27절의 논쟁사화와 별개의 것이라는 느낌을 준다. 굳이 따지면, 예수가 더러운 영에 사로잡혀 있다는 소문을 의식해 '더러운 영'이 아니라 실은 성령의 역사임을 알려주려는 의도가 엿보인다. 따라서 구마기적은 종말 심판의 사건(22~27절)이기에 예수의 선포도 종말론적으로 이해해야 한다는 점이 28~30절로 다시 한 번 강조되었다는 설명이 가능하다. 하지만 필자의 생각엔 부질없는 시도다. 원래 논쟁사화는 22~27절로 보아 무방하다.

악의 세력

예수는 자신을 파멸시키려는 율사들의 속셈을 알아채고 그들이 제시한 논리의 허점을 짚어냈다. 그리고 더불어 자신이 하려는 일의 성격을 분명히 했다. 귀신을 내쫓는 구마기적도 하느님 나라의 선포이다. 비단 구마기적 외에도 예수는 많은 종류의 기적을 행하였다. 병을 고친 '치유기적', 바다와 무화과나무 등 자연물을 상대로 한 '자연기적', 음식물을 늘린 '음식기적', 죽은 자를 살린 '소생기적', 위험에 빠진 제자들을 구한 '구원기적' 등이 있다. 하지만 구마기적은 악의 세력을 정면으로 상대한 것이기에 보다 특별한 위치에 있다. 단순한 초현상이 아니라 악의 세력을 척결하는 놀라운 사건이다.

예수는 자신뿐 아니라 그분에게 파견 받아 하느님의 나라를 선포하던 제자들까지 박해받는 상황을 가리켜 스스로를 '베엘제불'에 비교한 적도 있다. "집주인을 가리켜 베엘제불이라고 부른 사람들이 그 집 식구들에게야 무슨 말을 못하겠는가?"(마태 10,25) 예수를 베엘제불이라 부르는 일이 종종 있었음을 암시하는 구절로 율사들이 예수를 함정에 빠뜨리려고 지어낸 말이 당시에 널리 유포되었음을 알려준다.

과거에는 악의 세력을 인격화시켜 편의상 귀신이니, 사탄이니, 베엘제불이니 하는 이름으로 불렀다. 악의 실제 존재방식을 인간의 지력으로 알아낼 수 없기에 인격화시킨 것이다. 그러나 예수는 악의 세력을 전체로 보아('갈라진 나라와 집의 비유') 다가올 하느님 나라의 방해물로 간주했다. 악에 대한 인격적인 이해에서 벗어나 구조적인 차원으로 파악한 것이다. 그러니 악의 본질을 도저히 파악할 수 없는 가련한 우리는, 그저 예수의 놀라운 능력에 기대어 평화를 구할 뿐이다. 그리고 면전에서 일어나는 하느님의 기적으로부터 눈을 돌린 율사들은 소중한 기회를 스스로 차버린 불쌍한 사람들이다.

5.2. 표징 좀 보여주시오

마르 8,10-13

갈릴래아 활동 당시에 예수의 인기가 최고였다는 사실은 의심의 여지가 없다. 신약성서의 주변 문헌에서도 예수에 대한 언급을 종종 찾아볼 수 있는데 이를테면 유대 역사가 요세푸스는 다음과 같이 기록했다.

"이 즈음에 굳이 그를 사람으로 부른다면, 예수라고 하는 현자 한 사람이 살았다. 예수는 놀라운 일들을 행하며 그의 진리를 받아들이는 사람들의 선생이 되었다. 그는 많은 유대인들과 헬라인들 사이에서 명성이 높았다. 그는 바로 메시아였다. 빌라도는 우리 유대인들 중 고위층 사람들이 예수를 비난하는 소리를 듣고 그를 십자가에 처형시키도록 명령했으나, 처음부터 그를 따르던 사람들은 예수에 대한 애정을 버리지 않았다. 예수가 죽은 지 3일째 되는 날,

그는 다시 살아서 그들 앞에 나타났다. 이것은 하느님의 예언자들이 이미 예언했던 바, 예수에 대한 많은 불가사의한 일들 중의 하나였다. 오늘날까지도 그를 따르는 그리스도인들이 사라지지 않고 있다.” (요세푸스, 「유대고사」, 18권 3장) 비록 후대 그리스도인 역사가가 요세푸스의 기록을 수정했을 여지가 있지만 아무튼 예수는 “많은 유대인들과 헬라인들 사이에서 명성이 높았다”고 한다. 그러면 제도권 종교인들은 예수를 어떻게 받아들였을까? 갑자기 인기를 얻은 재야 종교지도자가 등장하면 그를 평가하고 감시하는 제도가 있었을까? 마치 요즘 교황청의 교리성 같은 기구 말이다. 다음 논쟁사화에 기대면 그런 추측의 가능성을 엿볼 수 있다.

마르 8,10-13 [10]그리고 곧 예수께서는 당신 제자들과 함께 배를 타고 달마누타 지방으로 가셨다. [11]그런데 바리사이들이 와서는 예수께 시비를 벌이기 시작하였다. 그분을 시험하여 당신에게서 하늘로부터 오는 표징을 요구하였던 것이다. [12]그러자 예수께서는 당신 영으로 한숨을 쉬시며 말씀하시기를 “어찌하여 이 세대가 표징을 찾는가? 진실히 여러분에게 이르거니와, 결코 이 세대에게 표징이 주어질 리 없습니다!”하셨다. [13]그러고는 그들을 버려 둔 채 다시 배를 타고 호수 건너편으로 물러가셨다.

하늘의 표징

　4천 명을 먹인 음식기적(마르 8,1-8) 이후 예수는 군중을 해산시키고 달마누타 지방으로 옮겨갔다. 달마누타가 구체적으로 어딘지는 잘 모르나 학자들은 막달라 지역과 연관이 있을 것으로 추정한다. 달마누타로 옮겨간 예수에게 바리사이들이 다가와서 시비를 걸면서 하늘의 표징을 요구했다. 마르코복음에서 '바리사이' 라 하면 일반적으로 율법에 정통한 이들을 뜻한다. 따라서 그들이 하는 질문에는 언제나 묘한 복선이 깔려있고 예수에게 던지는 바리사이들의 질문(11절)에도 분명 무엇인가 숨어있다.

　'하늘의 표징' 이란 무엇일까? 불과 얼마 전에 놀라운 음식기적을 베풀었으니 모두들 보는 데서 기적을 한 번 더 행해 보라는 뜻일까? 그래서 이를테면 물 위라도 한 번 걸어 주면 예수의 능력을 인정하겠다는 것일까? 하지만 복음서에서 기적을 뜻하는 낱말은 일반적으로 '두나미스' 인데 바리사이들은 특이하게 '세메이온' (표징)을 청했으니 달리 설명이 필요하다.

　원래 '하늘의 표징' 이라는 표현은 종말을 가시적으로 묘사하는 묵시문학에서 즐겨 사용되었다(루가 21,11; 25; 묵시 12,1; 3; 15,1). 또한 마르 13,22에 보면 종말이 가까우면 '표징과 기적' 이 나타나리라고 하여 표징을 기적과 구분해 놓았다. 표징 자체에 특별한 의미가 있음을 알려주는 대목이다. 표징을 정확히 이해하기 위해서는 '하늘의' 라는 꾸밈

말에 주목할 필요가 있다. '하늘의'란 하늘로부터 오는 표징, 달리 말해 하느님으로부터 왔다는 신뢰성이 보장된 증거이다. 그렇다면 '하느님으로부터 오는 증거'란 무엇일까?

유대교 종말론의 테두리에서 볼 때 '하늘의 표징'은 종말의 예언자, 즉 메시아적 예언자임을 밝혀주는 증거로 이해하면 무난하다. 구약성서의 예언자들은 하느님의 신뢰를 받아 그분의 말씀을 대신 전하는 역할을 담당한 신탁神託 예언자였다. 그러나 예수가 활동하던 때는 로마의 식민통치로 도탄에 빠진 이스라엘을 구원해낼 인물이 필요했고 그에 걸맞게 정치적인 메시아를 기대했다. 이른바 메시아 대망待望 사상이다. 따라서 하느님의 증거를 갖고 등장한 인물이라면 한가하게 물이나 포도주로 만들고 있을 틈이 없는, 급박한 현실의 해결사여야만 한다.

바리사이들의 질문은 음흉하기 짝이 없는데 만일 예수가 그들의 요구에 응하여 표징을 보여주면 메시아적인 행동(이를테면 무장봉기?)을 즉시 개시해야 마땅하고 만일 거부하면 군중의 지지를 잃을 게 빤한 노릇이기 때문이다. 예수에게 진퇴양난의 상황이 도래했음을 알 수 있다.

하느님의 증거

복음서에 보면 예수가 처한 상황과 비슷한 경우가 두 군데 더 나온다. 하나는 광야에서 주어진 사탄의 유혹이고 다른 하나는 세례자 요한에게 예루살렘에서 온 유대인들이 여러 가지 질문을 던지는 장면이다.

마르코복음에는 사탄의 유혹이 간단하게 언급되어 있지만(1,13) 마태오와 루가복음에서는 복잡한 양상을 띤다(마태 4,1-11; 루가 4,1-13). 그 중에서도 특히 마태 4,6과 루가 4,9-10은 의미심장하다. 사탄은 예수를 성전 꼭대기에 세워놓고는 "당신이 하느님의 아들이거든 아래로 몸을 던지시오. '그대를 위해 당신의 천사들에게 명하시리라.' 또한 '그들은 손으로 그대를 받들어 그대의 발이 돌에 닿지 않게 하리라'(시편 91,11-12)로 되어 있소"라 한다. 자신에게 '하느님의 증거'를 보여 달라는 것이다.

요한 1,19-28은 세례자 요한의 정체를 간접적으로 알려주는 본문이다. 예루살렘에 포진해있던 유대교의 지도부(산헤드린)에서는 제관과 레위인 몇을 요한에게 파견했다. 곧 다가올 하느님의 심판과 회개의 세례를 선언한 요한의 외침에서 그가 혹 종말의 예언자나 메시아적 예언자가 아닐까 하는 기대가 백성 사이에 팽배했기에 급기야 중앙의 높으신 분들이 특사를 보낸 것이었다. 그들은 "당신은 누구요?"라는 질문을 하고 요한은 그리스도도 아니요, 엘리야도 아니요, '그 예언자'도 아니라고 답한다. 그리스도는 메시아를 뜻하고 엘리야나 '그 예언자'도 종말론적인 존재를 뜻한다.

"과거의 사건들과 주변에 무성했던 신인神人들의 기적적인 행위에도 불구하고 랍비들은 이러한 기적에 대해서는 조심스럽게 판단했다. 기적의 가능성과 실현성에 대해서는 의심하지 않았으나 율법과 그 해석에 따라서 결정되어야 할 문제들에 대해서는 논리적인 증명을 필요로 했다. 따라서 기적은 성서 해석을 통해 증명될 수 있을 때라야 비로소 의미를 가졌다. 더구나 장차 다가올 메시아의 시대가 하느님의 기적적인 행위에 의해 실현될 것으로 고대하기는 했으나 그 실현 주체인 메시아를 기적행위자로 여기지는 않았다. 메시아는 기적을 통해 품위가 결정되는 게 아니라 성서 예언의 실현을 통해 증명되어야 했다."(E. 로제, 『신약성서 배경사』, 박창환 역, 대한기독교출판사, 1984, 154쪽)

너희들이 감히

앞의 정황들을 두루 살펴볼 때 예수는 누구라도 수긍할 수 있는 하느님의 증거('하늘의 표징')를 제시해 공식적으로 인정을 받든지 아니면 사기꾼으로 전락 하든지 양자택일의 기로에 놓여 있었다. 바리사이들은 예수를 좁은 길을 몰고 가 낭떠러지에서 떨어뜨리려는 불순한 의도를 갖고 있었다.

사적 계시가 위험하다는 것은 한국의 그리스도인이라면 잘 알고 있는 사실이다. 불과 얼마 전에도 대주교님 한분이 사적 계시를 떠버리며 교우들을 호도하는 여성을 단죄한 바 있다. 무릇 계시란 합당한 절차를 밟아 공식적으로 인정되어야 마땅하다. 사적 계시와 공적 계시 사이의 긴장

관계를 잘 보여주는 예이다. 예수의 선포 역시 사적 계시로 오인 받을 가능성이 얼마든지 있었다. 하느님이 직접 모세에게 주신 율법을 자유자재로 뜯어 고쳤으며(마태 5,21-48), 심판의 날에나 이루어질 부활을 죽은 지 사흘 후로 당기겠노라고 선언했을 정도니(마르 8,31; 9,31; 10,34) 말이다.

예수는 그들의 요구에 "어찌하여 이 세대가 표징을 찾는가? 진실히 여러분에게 이르거니와, 결코 이 세대에게 표징이 주어질 리 없습니다!"라고만 대답했다. '이 세대'란 '악한 세대'의 다른 표현이고(창세 7,1; 시편 95,10-11; 예레 8,3) '진실히 여러분에게 이르거니와'는 헬라어 '아멘 레고 휘민'의 번역으로, 흔히 문장 끝에 '아멘'을 언급하는 유대인의 언어풍습에 거슬러 '아멘'부터 말해놓고 이야기를 꺼내는 예수의 독특한 언어습관을 보여준다. 그리고 "결코 이 세대에게 표징이 주어질 리 없습니다!"의 원문을 직역하면 "만일 이 세대에게 표징이 주어진다면"이라는 조건문인데, 관용적으로 강한 부정을 의미한다.

예수는 하느님의 증거를 제시할 것인가, 말 것인가? 라는 도전의 상황을 거부했다. 바리사이들은 예수의 거부를 두고 드디어 그분의 무능력이 백일하에 드러났다고 인식해 쾌재를 외쳤을 것이다. 그래서 상부로 부리나케 달려가 스스로 고안해낸 절묘한 질문이 얼마나 효과적이었는지 침이 마르도록 자화자찬 했을지도 모른다. 하지만 예수는 바리사이들 앞에서 자신을 증명할 필요를 전혀 느끼지 못했고, 오히려 믿음 없는 악한 세대에게 심판을 선언했다. 사실 그것이 종말론적인 메시아에게 어울리는 행동이다. 이를테면, CEO가 자기 소유의 회사를 드나들기 위해서 바코드가 달린 출입증을 만들 필요가 어디 있겠는가!

"너희들이 감히 하느님을 평가하겠다는 것이냐? 악한 자들이여, 저주받을 지어다!" 예수의 추상같은 꾸짖음에 악마들의 괴수인 사탄도 저만치 물러나고 말았다(마태 4,11; 루가 4,13). 그러나 종교지도자들에게 후퇴란 없었고 결국 예수를 처형함으로써 자신들의 정당성을 증명하려 했다. 인간의 어리석음은 사탄의 악랄한 의도마저 능가하는 가 보다.

5.3. 당신은 누구십니까?

마르 11,27-33

세례자 요한은 예수 사건을 이해하는 데 중요한 기준으로 작용한다. 얼마나 중요했으면 복음서작가 마르코가 요한이 잡히고 나자 비로소 예수가 공적인 활동을 시작했다고 했을까(마르 1,14-15)! 요한이 예수와 그 전 시대를 구분하는 인물이 분명하다는 확신에서였을 것이다. 예수가 공생애 말미에 예루살렘에 들어서자(마르 11,1-11) 종교지도자들이 그분에게 던진 첫 번째 질문이 바로 세례자 요한에 관한 것이었다. 하지만 세례자 요한과 예수의 비교가 비단 거물급 종교지도자들의 전유물이었다고 생각해선 곤란하다. 갈릴래아 호수를 중심으로 활동했던 시절부터 사람들의 관심은 예수와 세례자 요한의 비교에 있었다.

요한은 요르단 강에서 대 각성 운동을 일으켰고 회개의

표시로 세례를 주었다. 많은 이들이 그에게 몰려갔고 예수도 그들 중 하나였다(마르 1,9-11). 세례를 받은 후 예수는 자신이 뽑은 제자들과 함께 하느님 나라 운동을 전개시켰다. 세례자 요한과 나사렛 예수, 두 사람의 설교에는 공통점이 있는데 바로 임박한 종말과 회개였다. 헤로데 안티파스를 비난한 덕분에 요한이 잡히면서(마르 6,17) 그의 세례 운동은 빛을 잃었으나 예수의 하느님 나라는 윤기를 더해갔다. 그런 상황에서 두 인물의 관계가 관심사가 될 수밖에 없었을 것이다.

마르 11,27-33 [27]그들이 다시 예루살렘으로 갔다. 그리고 예수께서 성전 안에서 거닐고 계실 때에 대제관들과 율사들과 원로들이 와서는 [28]그분께 "당신은 무슨 권한으로 이런 일을 합니까? 누가 당신에게 이런 일을 할 권한을 주었습니까?" 하고 물었다. [29]그러자 예수께서 그들에게 말씀하셨다. "내가 여러분에게 한 가지 물어 볼 터이니 나에게 대답해 보시오. 그러면 내가 무슨 권한으로 이런 일을 하는지 여러분에게 말하겠습니다. [30]요한의 세례가 하늘에서 비롯했습니까, 사람들에게서 비롯했습니까? 나에게 대답해 보시오." [31]그러니 그들은 자기들끼리 궁리하며 이렇게 말했다. " '하늘에서 비롯했다' 고 우리가 말한다면 그는 '그러면 어찌하여 여러분은 그를 믿지 않았습니까?' 하고 말할 것입니다. [32]그렇다고 '사람들에게서 비롯했다' 고 말할 수야 있겠습니까?" 그들은 군중을 두려워했으니, 사실 모두 요한이 참으로 예언자였다고 생각했던 것이다.

³³그래서 그들은 예수께 "모르겠습니다"하고 대답하였다. 그러자 예수께서는 "그렇다면 나도 무슨 권한으로 이런 일을 하는지 여러분에게 말하지 않겠습니다"하고 말씀하셨다.

종교지도자들의 수모

갈리래아 시절에 예수를 상대했던 종교지도자들은 주로 그 지역의 바리사이나 율사들이었다. 그들의 질문도 물론 예리했지만 질문자의 무게감은 예루살렘의 어른들 같지 않았을 것이다. 유대교의 최고회의인 산헤드린은 대제관들과 율사들과 원로들 70명으로 구성되어 있었고 대제사장이 의장을 맡아 총 71명이었다. 그 해의 대제사장은 가야파였다. 예수님에게 나아온 이들이 '대제관들과 율사들과 원로들' 이었다는 사실(27절)은 산헤드린이 예수의 존재에 실질적인 위기의식을 가졌다는 증거로 볼 수 있다. 그들이 가장 궁금하게 여겼을 질문은 당연히 예수의 정체였다. '당신은 어떤 권한으로 이런 일을 합니까?' 구태여 돌려 말하지 않는 단도직입적인 질문에서 그들의 연륜과 권위가 느껴진다. '당신은 누구십니까?'

'권한'(엘수시아)은 마르코복음에 자주 등장하는 낱말로 (1,22.27; 2,10), 여기서는 특히 바로 앞의 성전 정화 사건 (11,15-17)을 염두에 둔 것이다. 하느님의 집인 예루살렘 성전에서 큰 폭력을 행사했는데 그런 권한이 하느님으로부터 왔는지, 아니면 '거짓 예언자'(158~165쪽 참조)로서 자신의 능력을 과시한 것인지 알아보려는 의도이다. 예수가 만일 하느님에게서 비롯되었다고 말하면 믿을만한 증거를 대라 할 테고 자신의 권위에서 비롯되었다고 하면 성전을 더럽힌 불경의 책임을 단단히 물어야 할 판이었다. 그러니 이 질문에 예수를 궁지로 몰아넣으려는 속셈이 숨어있다고 보는 게 당연하다.

예수는 그들의 질문에 역질문을 던진다(30절 : "요한의 세례가 하늘에서 비롯했습니까, 사람들에게서 비롯했습니까?"). 질문에 질문으로 맞서는 것은 다분히 정치적인 행동이지만 그럼에도 불구하고, 조금 거창하게 말해, 우리에겐 신학적으로 해석해야 할 사명이 있다. 유대인의 관습에 따르면 하느님 이름의 직접 거명을 불경으로 여겨 '하늘' 이라는 우회적인 명칭을 사용했다(마태 3,1; 5,3-12). 그리고 '요한의 세례' 라 하여 마치 요한이라는 존재와 세례 행위가 별개라는 인상을 줄 수 있지만, 실은 요한에게 주어진 권한의 적법성에 대해 묻는 것이다. 역질문(30절)의 분위기를 볼 때 요한 역시 하느님의 권한을 받았다는 예수의 확신이 숨어있다. 그렇다고 해서 혹시 예수의 권한이 요한에게서 받는 세례(마르 1,9)에 근거를 두는 게 아닌가 하고 지레짐작할 필요는 없다(그닐카). 복음서의 논리에 따르면 요한은 결코 예수의 스승이 될 수 없다.

종교지도자들은 당황했다. 혹을 떼려다 혹을 붙인 격이라는 우리 속담이 잘 들어맞는 경우이다. 자칫 잘못하면 섣부른 대답 한 마디에 자신들이 오히려 수세에 몰릴 판이었기 때문이다. 대답을 회피한 그들의 자세는 다분히 정치적인 계산에 따른 것이었다(31~32절). 산헤드린이 워낙 정치성이 강한 집단이었으니 만치 '세례자 요한의 세례가 사람에게서 비롯되었다'고 대답하여 구태여 분란거리를 제공하지 않겠다는 계산이었다.

종교지도자들은 이스라엘 종교의 공식적인 대표라는 자신들의 위치도 내던진 채 '나도 모르겠다'는 한심한 대답을 하여 비겁한 모습을 보여주었다. 점잖은 체면을 이만저만 구긴 게 아니었을 것이다. 나자렛 촌 동네에서 온 새파란 친구에게 어이없이 당한 꼴 아닌가! 아무튼 이를 통해 당대 최고의 종교지도자들의 기를 단숨에 꺾어놓았으니 예수의 내공이 참으로 대단하다는 느낌이 든다. 더불어 복음서작가 마르코의 편집의도도 손에 잡힐 듯하다.

세례자 요한은 누구인가?

세례자 요한은 예수와 거의 비슷한 시기에 등장해 강력한 세례 운동을 펼침으로써 유대 땅 전역에 큰 반향을 불러 일으켰던 인물이었다(요세푸스, 『유대고사』 18,116-119 참조). 그의 행동거지나 생활양식은 구약성서의 예언자들, 특히 엘리야를 연상시키는 구석이 있으며(마르 1,6; 2,8; 마태 11,8 등. 2열왕 1,7-8). 또한 장차 다가올 심판(혹은, 장차 다가올 분)을 선포했다는 점에서 그를 종말-묵시 예언자 군群에 넣을 수 있다(마르 1,2-8).

마르 9,11-13 [11]그들은 예수께 "어째서 율사들은 엘리야가 먼저 와야 한다고 말합니까?" 하고 물었다. [12]그러자 예수께서는 그들에게 이렇게 말씀하셨다. "물론 엘리야가 먼저 와서 모든 것을 바로잡아 놓습니다. 그런데 어떻게 인자에 대해서는 성경에, 그는 많은 고난을 겪고 멸시를 당하리라고 기록되어 있습니까? [13]사실 여러분에게 말하거니와, 엘리야는 이미 왔으나 그에 대해서 기록되어 있는 대로 사람들은 그를 제멋대로 다루었던 것입니다."

마르 9,11-13은 비교적 작은 크기의 논쟁사화이다. 여기서 논쟁의 주제는 예수의 메시아성에 대한 것이다. 메시아의 등장과 관련하여 구약성서에는 다음과 같은 구절이 나온다. "이 야훼가 나타날 날, 그 무서운 날을 앞두고 내가 틀림없이 예언자 엘리야를 너희에게 보내리니…. 그래야 내가 와서 세상을 모조리 쳐부수지 아니하리라"(말라 3,23-24; 집회 48,10-11도 참조). 이 구절에 따라 예수 당시의 유대인들 사이에는 종말의 날이 들이닥쳐 세상이 심판 당하기 전에 반드시 엘리야가 먼저 도래해야 한다는 믿음이 있었다(마르 9,11). 뒤집어 말하자면, 선구자 엘리야도 오지 않았는데 메시아부터 등장하면 당시의 유대인들로부터 필요조건을 채우지 못한 가짜 메시아라는 비난을 면키 어려웠으리라는 뜻이다.

13절에 따르면 사람들이 몰라보았을 뿐이지 엘리야는 이미 왔었고, 세례자 요한이 바로 엘리야였다고 한다. 그는 메시아의 등장에 앞서 미리 길을 닦아놓은 사람이며(마르 1,2-4), '자신은 물로 세례를 베풀지만 오실 그분은 성령으로 세례를 베푸실 것'을 내다본 이였다(마르 1,8). 그 외에도 복음서 곳곳에 세례자 요한을 예수의 신발 끈을 풀 자격도 없는 인물이라든가(마르 1,7), 오히려 예수에게 세례를 받아야 할 인물이라고 하는(마태 3,14) 등, 예수와 비교하여 몇 수 아래인 인물로 묘사되어 있다. 세례자 요한의 이런저런 모습을 미루어보아 1세기의 그리스도인들은 그가 예수 메시아를 예고하며 등장한 자라는 점, 곧 구약성서의 예언이 성취되었다는 사실에 한 치의 의심도 품지 않았을 것이다.

신약성서에서는 예수와 세례자 요한의 실질적인 관계를 우선 예수가 받은 세례에 집중시켜 보도하고 있다. 그러나 심심찮게 세례 받은 후에도 양자 사이에(혹은, 양쪽 제자들 사이에) 모종의 관계가 있었음을 암시하는 구절들이 발견되곤 하는데, 피차 서로 어떤 영향을 주고받았다는 뜻으로 해석할 수 있겠다. 그렇다면 이는 예수가 요한의 세례 운동에 참여했다는 뜻일까, 아니면 서로 다른 입장을 견지했다는 뜻일까? 역사적으로 판명내기 힘든 질문이다. 복음서에는 당시 상황을 추측할 수 있는 여지를 가진 보도가 많이 발견된다(마르 1,1-15; 6,17-29; 9,11-13; 마태 3,14; 11,2-19; 17,12-13; 요한 3,22-30; 4,1-2; 사도 18,25; 19,3-4 등).

한 가지 분명한 사실은 네 복음서에 나와 있는 대로 예수가 공생활을 처음 시작했을 무렵 세례자 요한에게 세례를 받았다는 점이다. 이 사건의 외형적인 모습을 있는 그대로 따르자면, 예수가 세례자 요한이 펼치던 '세례 운동'에 참여했음을 의미한다. 사람들이 예수를 '세례자 요한'으로 불렀던 시기가 이미 세례자 요한이 헤로데의 수중에 넘어가 공개적인 활동을 하지 못하던 때라는 점을 감안한다면(마르 8,27-30), 세례자 요한이 벌였던 세례 운동(혹은, 대 각성 운동)을 예수가 이어간다는 인상을 주변 사람들에게 주었을 가능성이 높다.

"당신은 무슨 권한으로 이런 일을 합니까?"(28절) 예루살렘에 들어서는 순간, 예수는 이미 돌이킬 수 없는 선택을 한 것이다.

5.4. 다윗의 후손이 맞습니까?

마르 12,35-37

하느님 나라를 선포하며 갈릴래아를 누볐던 3년의 공생활은 예수에게 있어 파란의 연속이었다. 파격적인 말씀과 놀라운 기적으로 군중 사이에서 인기는 점점 높아 갔지만 종교지도자들이 그분에게 보내는 의심의 눈길은 나날이 심해져갔다.

예수의 공생활 내내 유대교의 종교지도자들은 그분의 정체에 대해 의구심을 품어 왔다(마르 2,1-12; 23-28; 7,1-15 등). 혹시 저 사람의 태도가 돌변해 기존 질서를 송두리째 뿌리 뽑으려 하지는 않을까? 그러나 예수가 갈릴래아에서 활동할 때만 해도 그저 의구심 차원에 머물렀을 뿐 별다르게 심각한 사태는 없었던 것으로 보인다. 당시만 해도 거리에 많은 현자들이 오고 갔으며, 세례자 요한 같은 종말-묵시적인 예언자들이 우후죽순 격으로 등장했던 시절이었으니 말이다(사도 5,35-37 참조). 그러니 예수 역시 시류를 타는 예언자들 중 하나쯤으로 치부되었을 법하다. 하지만 예수가 세찬 바람을 일으키며 하느님의 도시인 예루살렘에 들어오자(마르 11,1-10) 이야기가 온통 달라진다.

예수는 유대교의 심장부인 예루살렘 성전에서 채찍을 휘둘렀으며, 수차례에 걸쳐 반체제적 발언을 일삼았다. 말하자면 종교지도자들의 코앞에다 칼을 들이댄 격이었다. 만일 예수라는 재야의 존재를 종교적으로 인정하면 곧바로 제도권 유대교가 송두리째 붕괴될 위기의 상황에 처할 판이었다. 유대교의 종교지도자들이 가졌던 이 같은 위기의식이 예수가 십자가 죽음에 처해진 내적 이유였다. 그들은 하수인을 풀어 그간에 비교적 우회적 질문을 던지게 했으나(마르 7,1) 예수가 예루살렘에 입성해 사태가 다급해지자 직접 나서 질문을 던진다(마르 11~12장).

마르 12,35-37 ³⁵예수께서는 성전에서 가르치시면서 이렇게 말씀하셨다. "어떻게 율사들이 그리스도는 다윗의 아들이라고 말할 수 있습니까? ³⁶다윗 자신이 성령에 힘입어 말하기를 '주님께서 내 주님께 말씀하셨도다. 내가 네 원수들을 네 발 아래 잡아 놓을 때까지 너는 내 오른편에 앉아 있어라' 하였습니다. ³⁷다윗 자신이 그리스도를 주님이라고 하는데 어떻게 그리스도가 다윗의 아들이 되겠습니까?" 많은 군중이 그분의 말씀을 즐겁게 들었다.

다윗의 후손이 맞습니까

이 논쟁 사화를 보면 의문점 한 가지가 눈에 띈다. 예수
의 답변을 선도하는 율사들의 질문이 없는 것이다. 예수의
말씀이 "어떻게 율사들이 그리스도는 다윗의 후손이라고
말할 수 있습니까?"이니 분명 율사들의 질문이 전제되어
있어야 논리전개가 가능하다. 이 논쟁사화의 전승과정에
서 상황묘사 부분이 떨어져나갔을 가능성이 농후하다. 그
래도 예수의 말씀을 가만히 들여다보면 어느 정도 추측이
가능하다.

예수가 활동하던 시절에 이스라엘에는 메시아 등장에 대
한 강한 기대가 있었다(메시아 대망待望사상). 그러나 사기꾼이
나타나 자신을 메시아라고 주장하는 경우를 방지하려면
일종의 보완 장치가 필요했다. 이른바 구약성서의 성취인
용문들을 만족시키는 인물로, 이를테면 메시아의 표준인
다윗의 후손이어야 하고(마태 1,1-17; 루가 2,4; 이사 9,6-7) 다윗
의 고향인 베들레헴 출생이어야 한다(마태 2장; 미가 5,1-2 참
조). 특히, 비 다윗계인 하스모니아 왕조(기원전 143~37년)의
등장 이후로 바리사이 전통에서 '다윗의 후손이 메시아여
야 한다' 는 주장이 강력히 대두되었다. 마태오와 루가복음
에 나오는 예수의 탄생 이야기를 읽으면 메시아가 되기에
아주 합당해 보인다. 메시아 성性을 도발하는 율사들은 틀
림없이 예수의 족보를 따져 물었을 테고 예수는 명 대답을
한다.

이 글을 읽는 독자들 중에서는 예수의 아버지인 요셉이 다윗 가문이라는 사실이 분명하니까 혹 '예수의 동정녀 탄생을 걸고 시비를 거는 것이 아닐까?' 라고 추측을 하는 분이 있을지 모른다. 그러나 마르코복음에는 마태오나 루가복음에서처럼 예수의 족보나 베들레헴 탄생이나 동정녀 탄생에 대해 어떤 정보도 제시되어 있지 않다. 그저 예루살렘 입성을 하기 직전의 기적사화에서 소경걸인인 티메오의 아들 바르티메오가 예수를 "다윗의 아들 예수"(휘에 다비드 예수 : 마르 10,47)이라 불렀을 따름이다.

다윗의 주님

예수는 다윗의 후손임을 부정하면서 자신은 오히려 다윗의 주님이라고 선언한다. 한 마디로 다윗조차 섬긴 존재라는 것이다. 다윗의 찬양시로 알려진 시편 110,1에 보면,

야훼께서 나의 주님에게 요청하셨다. "내가 네 원수들을 네 발판으로 삼을 때까지 내 오른 편에 앉아 있어라."

로 되어 있다. 이 구절은 신약성서에서도 낯설지 않아 사도 2,34; 1고린 15,25; 히브 1,13 등에 거론되어 있다. 한결 같이 그리스도의 위상을 보여주는 내용으로 해석된다. 즉, 부활 승천하여 하느님의 오른편(측근, 영예로운 쪽)에 앉으신 그리스도가 장차 세상을 다스릴 것이라는 내용으로, 종

말론적-그리스도론적인 표상이 십분 배어있는 구약 인용
문이다.

　예수의 대답은 전통적인 메시아 대망사상의 견지에서는
역모를 꾀한 것이고 한 걸음 더 나아가 스스로를 그리스도
와 일치시켰다면 폭탄선언을 한 셈이다. 다윗이 '나의 주
님(아도나이)'이라 부른 존재가 그리스도라면 어떻게 그리스
도가 다윗의 후손이 될 수 있겠는가? 그리스도가 다윗의
후손이라는 말은 천부당 반무당하다. 오히려 다윗마저 다
스리는 분이 바로 그리스도가 아니겠는가!

　여기서 한 가지 중요한 사실을 추리해낼 수 있다. 굳이
메시아의 표상을 다윗으로 삼은 이유는, 비록 짧은 기간이
었지만 다윗 시대에 이스라엘의 국운이 가장 융성했기에,
그 시절의 영화를 다시 가져다 줄 영웅이 간절히 필요했기
때문이다. 또한 온갖 고문에도 하느님에 대한 지조를 지키
다가 죽임을 당한 것으로 유명한 랍비 아키바는, 제2차 유
대 독립전쟁을 주도한 바르 코흐바(별의 아들)를 메시아로 지
목한 바 있다(기원후 132~135년). 유대인이 기대했던 메시아는
정치적인 인물이라는 점을 알려주는 역사적 증거들이다.

　예수의 폭탄선언에 파격적인 의미가 있다면, 단지 다윗
보다 위대한 인물이라는 자평自評이 아니라(사실 그랬다면 예
수를 과대망상증 환자 정도로 치부해버렸을 수도 있는 노릇이다) 전통적
인 메시아 개념을 근본적으로 재정립한 데 있다. 예수가
제시한 새로운 메시아 상은 '다윗의 후손'이라는 유대인
의 고정관념을 충족시킬 필요가 없었다. 마르코복음에서

사용하는 대체 언어로 표현하자면 예수는 '하느님의 아들'인 것이다("하느님의 아들 예수 그리스도의 복음 시작" : 마르 1,1). '하느님의 아들'이라는 호칭은 원래 구약 성서에서 따온 것으로 하느님과 가까운 이들, 예를 들어 왕이나 사제, 아니면 이스라엘 백성을 통틀어 '하느님의 아들'이라 불렀다(시편 2,7 등). 그러나 복음서에 사용된 '하느님의 아들'은 예수와 하느님의 유일무이한 관계를 내포하므로 그저 '하느님의 사람' 정도에 머무는 구약성서의 쓰임새와는 무척 다르다. 예수가 요한 세례자에게 세례를 받고 뭍에 올라오자 "너는 내 사랑하는 아들이니, 나는 너를 어여삐 여기노라"(마르 1,11) 하는 하느님의 음성이 하늘에서 들려온다. '하느님의 아들'이라는 호칭 속에는 부자간의 돈독한 관계 외에도 아들(예수)이 아버지의 전권을 물려받았으며, 아버지의 뜻에 전적으로 순종하는 아들이라는 뜻도 담겨 있다.

새로 쓰는 메시아 이야기

제도권 유대교의 중심부인 예루살렘 대성전에 선 예수에게 율사들로부터 심각한 도전이 주어진다. 당신이 메시아냐는 것이다. 당시 이스라엘 상황에서 초미의 관심사는 메시아의 등장이었다. 거룩한 땅 이스라엘은 로마 황제의 초상 아래 짓밟힌 지 오래였다. 백성의 불만은 하늘을 찔렀고 어떤 형태로든 하느님으로부터 오는 구원의 손길이 필요한 때였다. 예수의 십자가 처형 이후 두 차례나 독립전쟁(66~70년, 132~135년)이 있었던 것만 보아도 잘 알 수 있다. 예수에게 정치적인 메시아인지 물어본 것은 당연한 일이었다. 그리고 메시아 질문의 핵심에는 '다윗의 후손'이 위치하고 있었다.

앞서 지적했듯이 마태오와 루가복음에서는 예수의 메시아성에 대한 보완장치가 마련되어 있다. 그러나 마르코복음에는 그 장치가 제대로 설치되어 있지 않다는 느낌이다. 부활 승천하고 장차 재림할 그리스도에 대한 믿음이 워낙 강하다 보니 메시아 도식을 놓쳤을 수 있고, 아니면 의도적으로 거부했을 수도 있는데, 우리들의 마르코가 실수로 메시아 도식을 놓쳤을 리는 없다. 마르코는 예수를 사람들의 일반적인 메시아 기대와 전혀 다른 목적을 가진 인물로 이해했기에 '다윗의 주님'이라는 폭탄선언을 복음서에 실었던 것이다. 그리고 예수의 정체에 대한 마르코의 자신감은 "많은 군중이 그분의 말씀을 즐겁게 들었다"(37ㄴ절)를 통해 보다 적극적으로 표현된다.

역사의 예수도 틀림없이 군중과 종교지도자들의 평가를 알고 있었을 것이다. 그리고 너무나 쉽게 자신이 정치적인 인물로 분류되는 상황 역시 직시하고 있었을 것이다. 마르 12,35-37은 주변의 평가를 일거에 뒤집는 내용이다. 예수는 자신이 추구하는 하느님의 나라가 정치적인 맥락으로는 도저히 설명될 수 없는 영원무궁한 가치임을 사람들에게 알리기 원했다. '나를 섣불리 다윗과 비교하지 마시오!' 그런 까닭에, 필자는 이 본문에 역사의 예수가 의중에 품

었던 진실이 담겨있다고 감히 단언한다. 그렇다면 예수는
도대체 누구인가? 이 질문은 앞으로 계속 이어질 것이다.

5.5. 스스로 무덤을 파는 이여!

마르 14,55-65

　삼년간 공생애가 끝나고 예루살렘에 입성했을 때, 예수를 기다리고 있던 것은 죽음이었다(마르 14,1-2). 마르코복음에 따르면 종교지도자들이 갈릴래아 시절부터 오랫동안 별러오던 일을 드디어 실행하게 된 것이었다(3,6). 제자들과 함께 지상에서 마지막 식사를 드시고 게쎄마네 동산에 올라 밤새 기도한 후, 예수가 성전 경비병들에게 끌려간 곳은 '산헤드린'이었다. 예수가 끌려간 유대교 최고회의인 산헤드린은 기성 종교 세력의 본산으로, 모두 합쳐 71명의 종교 고수들이 그분을 기다리고 있었다.

　예수의 파격적인 말과 행동에서 심각한 위기감을 느낀 제도권 종교인들은 예수를 처치하기로 작정했다(14,1-2). 우선 사람들이 많이 왕래하는 낮에 예수를 체포하는 것은 자

첫 소요를 일으킬 소지가 있어 밤에 체포하는 게 바람직했다. 하지만 전기불도 없던 시절에 어두컴컴한 밤에 예수를 어떻게 색출해내겠는가? 그런 까닭에 희미한 횃불 조명 아래서도 예수를 금세 알아볼 수 있는 사람이 필요했다. 제자 중의 한 명인 유다가 예수를 배신했고, 체포 조와 함께 나타난 유다가 예수를 만나자 입맞춤을 한 이유이다(마르 14,45).

이제 다루게 될 마르 14,55-65는 예수가 체포되어 처형에 이르기까지 다룬 '수난사화'(마르 14~15장)의 일부분으로, 특히 최고회의에서 예수가 심문 당했던 과정이 자세히 그려져 있다. 종교지도자들은 예수로부터 무엇인가 사형에 넘길 만한 죄를 찾아내기 위해 여러 이유를 들이대고 질문을 한다. 예수는 우선 침묵으로, 그리고 이어지는 짧은 언명으로 자신의 입장을 표명한다. 예수를 죽음으로 넘기려는 종교지도자들의 질문과 예수의 대답을 볼 때 이 역시 논쟁사화로 분류할 수 있다.

마르 14,55-65 [55]대제관들과 온 의회는 예수를 죽이려고 그분에게 불리한 증언을 찾았으나 찾아내지 못하였다. [56]사실 많은 사람들이 그분에게 불리한 거짓 증언을 하였지만, 그 증언들이 일치하지 않았던 것이다. [57]그러자 몇 사람이 일어서서 그분에게 불리한 거짓 증언을 하며 이렇게 말했다. [58]"우리가 직접 들었는데, 그가 말하기를 '나는 손으로 지은 이 성전을 헐어버리고 손으로 짓지 않는 다른 성전을 사흘 만에 세우겠다'고

했습니다.” [59]그러나 역시 그들의 증언도 일치하지 않았다. [60]
그러자 대제관이 한가운데에 일어서서 예수께 묻기를 “당신
은 아무런 대답도 하지 않소? 이 사람들이 얼마나 당신에게 불
리한 증언을 하고 있소?” 하였다. [61]그러나 예수께서는 잠자코
계시며 아무런 대답도 하시지 않았다. 다시 대제관은 예수께
“당신이 찬양받으실 분의 아들 그리스도요?” 하고 물었다. [62]그
러자 예수께서 말씀하셨다. “내가 그입니다. 여러분은 인자가
전능하신 분의 오른편에 앉아 있는 것을 보고, 또한 하늘의 구
름과 함께 오는 것을 보게 될 것입니다.” [63]그러자 대제관이 자
기 속옷을 찢으며 말했다. “이제 우리에게 증인들이 무슨 필요
가 있겠소? [64]여러분은 저 신성모독의 말을 들었습니다. 여러
분은 어떻게 여기십니까?” 이에 모두 그분이 죽을죄를 지었다
고 단죄하였다. [65]그리고 몇 사람은 그분에게 침을 뱉고 그분
얼굴을 가리어 구타하면서 “알아 맞춰봐라” 하고 막말하기 시
작했다. 또한 하인들도 그분에게 손찌검을 했다.

심문의 양상

유대교의 종교지도자들은 예수만 제거하면 자연스럽게
폭풍을 잠재울 수 있으리라는 예상 아래, 교묘하게 그를
엮어 넣을 구실을 세웠다. 그들의 계획은 먼저 예수를 유
대교 최고회의에 데리고 가 거짓 메시아의 가면을 벗긴
다음, 유대 총독이었던 빌라도에게 넘겨주어 사형을 언
도시키는 것이었다. 로마의 점령지였던 당시 이스라엘에

는 범죄자를 사형시킬 권리가 없었기 때문이다(요한 18,31).

　최고회의에서 죄인을 재판하는 과정은 대개 네 단계로 나누어진다. ①우선 증인들의 증언을 듣고, ②이어서 대사제(최고회의 의장)의 직접 심문이 있은 후, ③죄가 확정되면 죄인을 사형에 처한다는 사실을 공개적으로 고시하고, ④ 고시 기간 동안 별 반대가 없으면 사형을 집행한다.

　예수를 재판할 때도 일차적으로 증인들을 불러 모았다. 『미슈나』 산헤드린 편 7장에 따르면 증인들을 별도로 데려가 증언을 듣고 이를 공개적으로 비교해 죄를 확정지었다. 최소한의 객관성을 유지하려는 의도였다. 그런데 나중에 증언들을 모아 비교하는 과정에서 문제가 발생했다. 증언들끼리 서로 아귀가 맞아떨어지지 않아 증거로 채택될 수 없었던 것이다(59절).

　'성전을 허물고 다시 세운다' 라는 말은 나름의 독특한 의미를 갖고 있다. 묵시문학에 언급된 바에 따르면 종말에 성전을 새로 세우게 될 텐데(토빗 13,17; 바룩 5,1-9; 에티오피아 에녹 53,5), 아람어 구약성서인 〈탈굼〉의 이사야서에는 그 일을 메시아가 담당한다고 씌어있다(53,5). 새로 세우기 위해서는 물론 허무는 과정이 전제되어야 한다(토빗 14,4). 예수의 말씀은 바라보기에 따라 얼마든지 메시아로 자처했다는 증거가 될 수 있었다. 산헤드린 편에 따르면 첫째 증언이 있은 후 나머지 증인들도 '저 역시 그렇게 들었습니다' 라고 맞장구를 쳐주어야 비로소 증거로 채택될 있었다.

정황을 보건대 다른 증인들이 맞장구를 치지 않은 듯 하고, 이는 신명 19,15에 나오는 '성인남자 두세 명이 증언해야 증거로 채택될 수 있다' 는 조항에 위배된다.

상황이 그쯤 되자 이제 대사제가 나서서 직접 심문에 들어간다. 그는 우선 사태의 심각성을 예수에게 인식시키고 다시 한 번 물어 본다. "당신이 찬양받으실 분의 아들 그리스도요?"(60절) 말 한 마디 잘못하면 죽을 수도 있으니 사형선고를 받지 않으려면 똑바로 대답해야 했다. '그리스도' 는 메시아의 헬라어 번역이고 '찬양받으실 분' 은 하느님 한 분 뿐 이시이니 예수가 '하느님의 아들 메시아' 가 맞는지 물어본 셈이다. '하느님의 아들' 은 메시아가 갖는 의미를 분명하게 하기 위해 덧붙여진 동어반복이다. 이때 예수는 긍정의 답을 했을 뿐 아니라(176~177쪽 참조) 한 술 더 떠 자신을 장차 세상을 심판하러 올 인자人子라 했다.

이스라엘 땅에서 유행했던 종말-묵시사상에 따르면 심판의 날에 하느님을 대신해 세상을 멸하러 올 이가 바로 '인자' 이다. 묵시사상에서는 원래 하느님이 홀로 보좌에 앉아 심판하기 때문에 구태여 대리자를 필요로 하지 않았다. 그러나 시간이 지나면서 하느님의 전권을 부여받은 '인자' 라는 존재가 묵시문학에 등장하기 시작했다. 인자라는 존재가 분명하게 나온 곳으로 다니 7:13~14을 꼽을 수 있다 : "내가 또 밤에 환상 중에 보니 인자 같은 이가 하늘 구름을 타고 와서 옛적부터 항상 계신 이에게 나아가 그 앞에 인도되자 그에게 권세와 영광과 나라를 주고 모든 백성과 나라들과 다른 언어를 말하는 모든 자들이 그를 섬기게 하였으니 그의 권세는 소멸되지 아니하는 영원한 권세요 그의 나라는 멸망하지 아니할 것이니라." 여기에서 인자란 시간에 묶이지 않는 초월적인 존재로 종말심판에서 하느님의 대리자 역할을 한다(에티오피아어 에녹 37~71장 참조).

예수 스스로 마지막 기회를 날려 보냈다. 이제 대사제의 할 일은 단 하나, 사형선고뿐이다. 예수의 대답을 듣고 대사제는 자리에서 일어나 옷을 찢음으로써 죄를 확정지었고, 그렇게 찢어진 옷은 수선하지 않는 법이었다.

죄목은 무엇이었을까?

예수의 죄목은 정확히 무엇이었을까? 이스라엘 법원은 지방법원(소 산헤드린)과 그 상급기관인 최고회의(대 산헤드린)로 나뉘어졌다. 율사들의 견해에 따라 차이가 나기는 하지만 120~230명 정도의 인구면 지방법원 구성이 가능했다. 일반범죄는 지방법원에서 처리했지만 세 가지 경우, 곧 지파, 대제관, 거짓 예언자와 관련된 범죄는 최고회의에서만 다룰 수 있었다. 예수는 그 중에서도 하느님에게 듣지도 않은 말을 들었다고 주장하는 죄목의 거짓 예언자에 해당한다. '메시아 사칭' 혐의를 스스로 자백한 예수는 당연히 거짓 예언자라는 공식적인 죄목으로 사형선고를 받았을 것이다. 실질적인 사형권이 없었던 최고회의에선 예수를 로마 총독 빌라도에게 보냈고 '황제 사칭' 혐의가 주어진다. 예수의 죄목이 종교범에서 정치범으로 바뀐 것이다.

예수는 스스로 메시아라 했을 뿐 아니라 인자로 자처했다. 공관복음서엔 인자라는 호칭이 자주 등장한다. 인자와 관련된 줄거리를 보면, 예수가 '인자'로 세상에 왔으나 사람들이 알아보지 못해 십자가형에 처하고 말았다. 수난 당하는 인자인 셈이다(마르 8,31; 9:30-32; 10,32-34). 하지만 예수가 다시 세상에 올 때는(再臨) 결코 처음처럼 허무하게 당하지 않고 하느님 오른편에서 천군을 끌고 내려와 박해했던 자들에게 본때를 보여줄 것이다(마르 13,24-27; 루가 12,8-12 등). 그렇다면 과연 '인자'라는 호칭이 역사의 예수에게로 소급될 수 있을까?

상당수의 학자들은 인자라는 호칭이 전적으로 오순절 이후 1세기 그리스도인들이 만들어 붙였다는 주장을 편다(필하우어, 케제만, 콘젤만, 로제, 페린, 쉥케 등). 역사의 호칭이 아니라 신앙의 호칭이라는 말이다. 그들은 예수가 부활·승천한 후 그리스도인들이 예수의 재림을 간절히 기대하여 하느님의 대리자로 다시 내려와 종말심판을 담당하길 기대했다. 그리고 1세기 그리스도인들의 재림 기대가 증폭될수록 예수의 인자성人子性이 더욱 강조될 수밖에 없었으리라고 한다. 그러나 이 논리의 뒤를 따라가다 보면, 결국 역사의 예수는 자신을 인자로 인식하지 않은 셈이니 예수와 1세기 그리스도 교회의 인자 신앙 사이에는 불연속성이 생긴다. 따라서 62절의 언급도 예수 자신을 일컫는 게 아니라 그저 장차 하느님의 종말심판이 있으리라는 예고에 머물고 만다. 그러나 완전히 반대 의견들도 있다.

공생애 기간 동안 주변 사람들이 예수를 인자라 불렀고 예수도 인자로 자처했다는 것이다(62절). 즉, 예수가 신성을 가진 종말심판관이라는 자의식을 가졌다는 뜻이다(그닐카, 브라운, 픽 틀레 등). 사실 역사의 예수는 하느님의 진노와 임박한 종말을 선포했고, 자유자재로 하느님 나라를 묘사할 능력이 있었으며 죄를 용서했고 하느님의 장엄한 계획에 자기도 속해 있다는 사명감을 갖고 있었다(게쎄마네 기도). 그리고 묵시사상에 등장하는 인자를 (다니엘서 등으로 대변되는 묵시문학을 통해) 이미 알고 있던 이들도 결단을 요구하는 예수의 종말 설교를 듣고 쉽게 양자를 일치시킬 수 있었으며, 예수도 그런 현상의 중요성을 충분히 인식했을 가능성이 있다. 만일 이런 주장이 옳다면, 1세기 그리스도 교회의 인자 신앙은 역사의 예수와 연속성을 획득하게 된다.

과연 진실은 어디쯤 서 있을까? 예수를 가운데 세워놓고 귀 기울여 그분의 대답을 기다리던 71명의 최고회의 의원들이 품었던 의문이다. 그들을 면밀히 살피다보니 중간에 필자의 얼굴도 보이는 것 같다.

6. 하느님의 시간

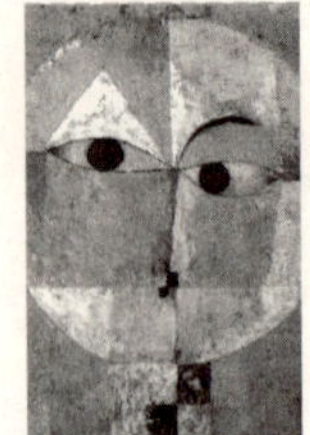

6. 하느님의 시간

마치 산도 수천 년을 두고 보면 그저 물에 파도가 치듯이 오르고 내릴 뿐이다. - 힌두교의 금언

6.1. 들어가는 말

죽고 나면 어찌 될까? 예로부터 사람들은 사후세계의 정보를 얻어내려 백방으로 애를 썼다. 하지만 각고의 노력 끝에 손에 쥔 것이라곤 고작 잠시 저승길에 들어섰다가 돌아 온 사람들이 전해준 몇 가지 증언들뿐이었다. 그것도

대체로 흥미위주의 정보들이라 궁금증만 더해주기 마련이고, 종국에는 '일단 죽어봐야 알겠다' 라는 결론에 도달하고 만다. 죽음에 대한 인간의 관심이 큰 만큼 대다수의 종교들 역시 죽음에 관해 일정한 설명체계를 갖추고 있다. 그리스도교도 예외는 아니어서 죽음, 부활, 심판, 천당, 지옥(연옥)으로 연결되는 강력한 교리체계를 자랑한다. 하지만 죽음은 엄격히 말해 인간의 영역이 아니라 하느님의 영역이다.

　삼위일체三位一體 하느님은 초월적인 분이며, 절대타자絕對他者이며, 우주를 창조하신 분이며, 구원과 심판의 주主이며, 영靈이며, 사랑이며……. 하느님이 누구신지 설명할 때 많이 듣는 정의들이다. 그런데 언제부터인가 이런 식의 설명이 피상적이라는 느낌이 들었다. 물론 하느님에 대한 정의들이 잘못되었다는 게 아니라 구체적인 연상聯想을 제공하지 못한다는 생각에서이다. 이를테면, 단순히 '심판의 주' 라고 하기보다 뜨거운 불지옥에서 물 한 모금을 부탁했다 거절당하고 자손들에게 자신의 불행을 전할 방도마저 막힌 어느 부자의 처절한 운명을 전해 들으면(루가 16,19-31) 몸서리치게 냉정한 심판의 주님을 보다 쉽게 연상할 수 있다는 뜻이다.

　하느님을 완벽하게 알려주는 일은 불가능하다. 만일 인간의 언어와 상상력으로 하느님을 완벽하게 묘사할 수 있다면 우리는 더 이상 하느님이라 부를 수 없을 것이다. 예수도 그 점을 잘 알고 있어 "그날과 그 시간에 대해서는 아무도 모릅니다. 아버지가 아니고서는 하늘에 있는 천사들이나 아들까지도 모릅니다"(마르 13,32), "왜 나를 선하다고 합니까? 하느님 한 분 외에는 아무도 선하지 않습니다"(마르 10,18)라고 하여 하느님 앞에서 한껏 겸손해졌다는 사실에 주목해야 한다. 그럼에도 예수는 인간이 지력이 쫓아가는 범위 내에서 하느님을 구체화시키는 데 일가견이 있는 분이었다. 이제껏 예수가 들려주는 하느님 이야기처럼 귀에 쏙쏙 들어오는 경우가 있었던가?

이 글은 예수가 우리에게 가르쳐준 '하느님의 시간'을 이해하기 위해 씌어졌다. 사실 '시간성'을 도구 삼아 하느님에게 접근하는 데 예수의 가르침은 결정적인 도움을 준다. 이제 예수의 논쟁사화[1] 두 편을 분석해볼 텐데, 예수가 종교지도자들과 벌인 논쟁을 통해 주제를 보는 시각을 좁혀 들어갈 수 있다. 종교지도자들은 당대에 학식 높은 사람들이었으니 만치 그만큼 복잡한 논리로 예수와 그들 사이에 치열한 논쟁이 오갔기 때문이다. 그리고 해석학적인 반성은 우리나라의 선구자 그리스도인이었던 다석多夕 유영모(1890~1981)를 통해 시도해보겠다. '하느님의 시간'을 구체

---

1) '논쟁사화'는 한 가지 전승단위로 주로 예수와 유대교 종교지도자들 사이에 벌어진 논쟁으로 주로 종교적, 정치적인 문제가 논쟁의 주제이다. 종교지도자들은 예수를 곤경에 빠뜨리고자 민감한 질문을 제기하는데 예수는 언제나 이론의 여지가 없는 현명한 대답을 척척 한다(마르 3,1-6; 7,1-7; 9-13; 10,1-9; 11,27-33; 12,18-27 등).

화하는 데 있어 예수와 다석 사이에 일맥상통하는 점을 발
견한 까닭이다.

6.2. 나는 있습니다

요한 8,52-59

요한복음의 논쟁사화는 공관복음의 그것과 많이 다르다. 논쟁의 요지가 흐려질 정도로 장황하고 긴 대화들이 오가는데, 이는 복음서작가가 자신의 갖가지 사상들을 압축해서 대화에 반복적으로 끼워 넣었기 때문이다. 그래서 독자들은 종종 이처럼 긴 대화가 어떤 경로로 한 자 안 흩어지고 정확하게 전승되었는지 의문을 갖곤 한다. 이제 다루려는 논쟁사화(요한 8,48-59)

역시 논쟁의 나머지 상황(8,12-47)까지 고려하면 매우 길어진다. 논쟁사화의 핵심에는 '시간'에 대한 깊이 있는 성찰이 담겨있다.

어느 날인가 예루살렘 성전에서 가르치시던 예수와 '당신을 믿고 있던 유대인들'(8,31) 사이에 논쟁이 오가게 되었다. 요한복음에서는 '당신을 믿고 있던 유대인들' 이라고 했지만 정작 내용을 보면 예수에게 적대적인 자들임을 알 수 있다[2]. 복음서작가의 기질에 따라 상황 변화에 대한 충분한 설명이 되어있지 않은 때문이다. 논쟁의 끝부분에 다음과 같은 말이 오간다.

요한 8,52-59 [52]유대인들이 말하였다. "당신이 귀신들렸다는 것을 이제야 우리는 알았소. 아브라함도 죽었고 예언자들도 죽었는데 당신은 말하기를 '누가 내 말을 지키면 영원히 죽음을 맛보지 않을 것이다' 하니까요. [53]우리 조상 아브라함도 죽었는데 당신은 그분보다 더 위대하다는 말이오? 예언자들도 죽었소. 당신은 누구라고 자처하오?" [54]예수께서 대답하셨다.

2) 요한복음과 공관복음이 유대인을 보는 시각에 차이가 있음은 분명하다. 요한복음에는 '유대인' 이라는 단어가 모두 71회 나온다. 유대인은 예수와 적의에 찬 논쟁을 벌이고(8,13; 9,13; 15-16; 40; 12,19), 믿지 않는 자들이며(7,47이하), 남이 믿는 것을 방해 놓는다(12,42). 유대인은 어둠(8,2), 거짓(8,44-45), 죽음(8,51), 아래쪽(8,23)에 서 있어 위에서 온 분을 알아보지 못한다. 유대인들은 죄 속에서 죽어야 하며(8,24), 하느님을 아버지로 부를 수 없고(5,18), 계시자가 어디서 와서 어디로 가는지 도통 모른다(7,33-34; 8,14). 유대인들은 아브라함의 후손이지만 자유롭지 못하고(8,33이하). 자신들의 방식으로 아버지를 따지며(8,42; 14,19), 인간적인(육에 따라) 판단을 한다(8,15). 유대인에게서 구원이 왔다고 하지만(4,22) 예수 이전의 이야기일 뿐이며, 예수 이후에 비로소 성령과 진리 안에서 기도하게 되었다(4,23). 유대인은 세상의 대변자로서 믿지 않는 인간 세상을 상징한다. 유대인의 대표적인 부류는 바리사이다. 요한복음의 유대인 상像은 개괄적, 추상적, 상징적, 의미적으로 볼 수 있다. 그에 비해 공관복음에 드러나는 유대인 상像은 훨씬 세부적이고 구체적이고 역사적이고 사실적이다. 공관복음과 요한복음 사이에는 세대 차이가 있다. 본토에서 직접 유대인을 겪은 세대와 이야기로만 전해들은 다음 세대의 차이다. 일제 식민지를 직접 겪은 어르신들과 요즘의 20대가 일본을 바라보는 시각이 다른 것과 마찬가지 이치이다.

"내가 내 자신을 영광스럽게 한다면 내 영광은 아무것도 아닙니다. 나를 영광스럽게 하시는 이는 나의 아버지이십니다. 그분을 두고 당신들은 '우리의 하느님'이라고 말하고 있습니다. [55]그런데도 당신들은 그분을 알지 못했지만 나는 그분을 알고 있습니다. 내가 그분을 알지 못한다고 말한다면 나도 당신들과 같은 거짓말쟁이가 되고 말 것입니다. 그러나 나는 그분을 알고 있고 또 그분의 말을 지키고 있습니다. [56]당신들의 조상 아브라함은 내 날을 보겠기에 신명이 났습니다. 과연 그는 보고 기뻐하였습니다." [57]그러자 유대인들이 예수께 말했다. "당신은 아직 쉰 살도 되지 않았는데 아브라함을 보았단 말이오?" [58]예수께서 그들에게 말씀하셨다. "진실히 진실히 당신들에게 이릅니다. 아브라함이 나기 전부터 나는 있습니다." [59]그러니 그들은 돌을 집어 예수께 던지려고 하였다. 그러나 예수께서는 몸을 숨겨 성전에서 떠나가셨다.

유대인들에게 아브라함은 까마득한 옛날에 하느님의 부르심을 받은, 신앙의 조상이자 민족의 조상이다. 그래서 정통 이스라엘 가문의 후손들을 부를 때는 흔히 '아브라함의 후손'[3]이라는 기술용어(terminus technicus)를 사용할 정

---

3) 한 가지 눈여겨 볼 곳은 바울로가 정통 유대인이 아니라고 비난하는 사람들에 맞서 자신의 출신을 밝힌 구절로(2고린 11,22), 바울로는 스스로를 '아브라함의 후손'이라 부른다. 이는 아브라함을 민족의 조상으로 섬긴다는 의미의 특수 용어이다(루가 13,16; 19,10 참조)여기서 예수는 곱사등이 여인을 서슴없이 '아브라함의 딸(튀가테르)'이라고 부른다. 원래 여인은 죄인인 데다가 병까지 앓고 있느니 죄인 중에서도 상 죄인인데 말이다. 위의 두 이야기에서 우리는 예수가 가장 비천한 상태에 놓인 여인들

도이다. 한민족을 두고 '단군의 후예'라 하는 것과 마찬가지 이치이다. 그런데 예수는 아브라함이 마치 자신과 아무 상관도 없다는 듯 '당신의 조상 아브라함이 내 날을 보겠다'고 하자, 유대인들은 즉시 의문을 제기한다. "당신은 아직 쉰 살도 되지 않았는데 아브라함을 보았단 말이오?" 아브라함이 우르에서 나와 가나안으로 이동한 때는 대략 기원전 1800년경으로 추정된다. 아브라함이 비단 구약성서뿐 아니라 고대 메소포타미아 지역의 문헌들에서도 그 이름이 발견되는 실존 인물이라 그런 추정이 가능하다[4]. 그런데 예수가 아브라함을 보았다고?

아브라함은 이스라엘의 기원紀元을 보장하는 인물이다. 그런데 예수는 아브라함이 예수의 날을 기대하며 기뻐할 뿐 아니라 실제로 이미 보았고 또한 기뻐했다(에카레 : 과거형 동사)고 한다. 유대인들은 메시아가 출현하는 날에 아브라함을 비롯한 족장들도 함께 하리라는 기대를 갖고 있었다. 그런데 예수가 그날이 이미 왔다고 했으니 스스로 족장들의 기대를 만족시킨 인물이라는 점을 간접시사 한 셈이다[5]. 상식적으로 보아도 유대인들의 질문은 당연하다. 옛 조

마저 '딸'이라 부르며 그 인격을 존중한 일에 주목해야 한다. 이 가련한 여인들도 어엿한 아브라함의 후손인 것이다. 예수는 예리코의 세리장 자캐오에게도 같은 말씀을 했다("이 사람도 아브라함의 아들이다." : 루가 19,10).
4) 자세한 설명은 *TRE* I, 'Abraham', R. Martin-Achard, 364~372쪽.
5) 윌켄스는 구체적으로 창세 15,9이하의 내용, 즉 자손이 엄청나게 융성하게 되리라는 약속의 실현으로 보았다. (U. Wilckens, *Das Evangelium nach Johannes*, NTD 4, Göttingen, 1998, 152쪽)

상 아브라함이 예수를 알았고 예수가 세상에 들어오자(요한
1,14) 드디어 꿈이 이루어졌다며 기뻐 날뛴다는 뜻 아닌가?
거기가 끝이 아니다. 예수는 더욱 황당한 말씀을 한다.

　예수는 그들에게 "진실히 진실히 당신들에게 이릅니다.
아브라함이 나기 전부터 나는 있습니다"라는 대답을 한다.
이 간단한 대답을 이해하려면 복잡한 분석과정이 필요하
다. 우선 "진실히 진실히 당신들에게 이릅니다"(아멘 아멘
레고 휘민)는 예수 고유의 '서약정식誓約定式[6]' 이다. 문장
끝에 '아멘' 을 언급하는 유대인의 언어풍습에 거슬러 '아
멘' 부터 말해놓고 나서 본론을 꺼내는 예수의 독특한 언어
습관을 보여준다. 물론 이 서약정식의 목적은 뒤에 따르는
말씀이 철통같은 진리를 담고 있음을 확신시키려는 것이
다. 그렇다면 예수가 서약하려던 바는 무엇일까?

　"아브라함이 나기 전부터 나는 있습니다" 특히, 후반부
의 '나는 있습니다'(에고 에이미)는 이른바 하느님의 '자기
계시정식啓示定式' 으로 출애 3,14-16에 나오는 '나는 나이
다'(야훼)를 그대로 따온 것이다[7]. 요한 8,24을 보면 예수가
'나는 있습니다' 라는 사실을 믿지 않으면 구원받을 수 없
다고 하여 예수가 구원자임을 밝혀놓았다. 하지만 이 논쟁
사화의 쟁점은 '예수가 언제부터 있었는가?' 이니 8,24절

---

6) 정식이란 사용언어가 고정된 양식으로, 이를테면 '만찬례문' 처럼 언제나
　같은 형태로 반복된다. 독일어로 Formel.

7) J. Gnilka, *Johannesevangelium*, Die Neue Echter Bibel NT 4, Wurzburg 1983,
　74쪽.

에 내린 정의가 어느 정도 도움은 될지언정 정답일 순 없다[8].

예수는 아브라함 이전부터 있었고 지금도 있고 앞으로도 있을 것이다. 아브라함에게 적용되는 시간의 흐름은 예수에게 의미가 없다. 좀 더 분명하게 말해 예수에게는 오직 현재만 있을 뿐 과거나 미래는 없다는 뜻이다. 아브라함은 한 번 태어났다가 죽었으니 그는 일단 사라지고 말았다. 하지만 예수의 시간은 오직 현재뿐이기에 사라짐이란 결코 없다. 이와 비슷한 논지의 말씀이 마르 12,27에도 나온다. "그분은 죽은 이들의 하느님이 아니라 살아있는 이들의 하느님입니다." 다시 말해 예수는 하느님의 존재방식을 나누어 가진 분이다.

질문을 던진 유대인들은 참으로 불쾌했을 것이다. 많이 잡아야 채 오십 세도 안돼 보이는 자가 수 천 년 전 조상인 아브라함을 보았다는 황당무계한 주장을 하고, 하느님과 자신을 동일시하는 불경을 범하다니! 그런 자에게는 예로부터 돌로 때려죽이는 처벌이 주어져 마땅했다(레위 24,16).

역사의 예수는 평소부터 알아듣기 힘든 말씀을 많이 했으나 그렇다고 해서 고난도의 철학적 개념을 도입한 분은 아니다. 비유를 들어도 주로 자연에서, 인용을 해도 주로 생활 지혜가 대부분이었다. 그런데 '시간'에 대해서는 달랐다! 직선으로 나아가는 물리적 시간관념으로 보면 '나는

---

8) C. K. Barrett, *The Gospel according to St. John*, London 1978, 341~342, 352쪽 참조.

있습니다' 라는 현재형[9]이 아니라 '나는 있었습니다' 라는 과거형이어야 마땅하다. 아브라함은 과거의 인물이기 때문이다. 따라서 현재형 '나는 있습니다' 는 존재의 절대성을 표현하기 위한 계시정식으로 볼 수 있다. 곧, 현상세계의 언어로는 풀어 설명할 수 없는 형이상학적 개념으로, 누구도 대신할 수 없는 예수의 존재방식을 표현한 문장이다[10].

요한복음의 대표적인 편집 사상은 하느님과 예수를 일치시킨 것이다(1,2; 5,18; 10,30-33; 14,9; 20,29). 따라서 '나는 있습니다' 는 예수의 자기소개이자 절대자 하느님을 소개하기 위한 최소한의 언어인 셈이다. 절대자의 존재 방식은 과거형으로는 도저히 담아낼 수 없는 노릇이다[11]. 요한복음의 논쟁사화를 읽으면서 얻는 인상은 예수가 하느님의 시간을 정확하게 알고 있었다는 것이다. 혹은, '영원한 현재' 라는 말로 예수가 가르쳐준 하느님의 시간을 슬쩍 가늠할 수 있을지 모르겠다[12].

9) 헬라어 에이미 동사는 영어의 be 동사에 해당한다. 그런데 이는 엄격하
   게 보아 현재형이 아니라 미완료형이다. 에미이 동사는 예외적으로 미완
   료형이 현재형을 대신한다.
10) "'나는 있습니다.'는 선재를 뜻할 뿐 아니라, 한 처음부터 시간의 조정
   을 받지 않고 존재했다는 뜻이다."(P. M.-J. Lagrange, *Evangile selon Saint
   Jean*, Paris, 1936). R. E. Brown은 예수의 말씀이 과학적인 근거로는 설명이
   불가능하다고 말한다. (*The Gospel according to John*, AncB 29, New York
   1983, 366쪽).
11) U. Schnelle는 하느님의 시간에 경계가 없다는 것은 곧 하느님이 시간의
   주인(Herr der Zeit)이라는 뜻이라고 한다.(*Das Evangelium nach Johannes*,
   ThHK 4, Leipzig, 1998. 163쪽)

12) R. Schnackenburg도 이와 같은 표현(Ewige Gegenwart)을 사용한다. (*Das
   Johannesevangelium*, HThK IV-2, Freiburg 1985, 243쪽)

6.3. 살아있는 이들의 하느님

마르 12,18-27

　예수는 삼 년의 공생애 동안 수 없이 많은 가르침을 베풀었다. 그러나 가르침의 무게 중심은 죽음이 아니라 삶에 있었기에 사후세계에 대한 속 시원한 설명을 예수의 입에서 기대하기 힘들다. 이를테면, 죽어도 지금과 똑같은 몸을 갖게 될지, 지금 살고 있는 배우자와 다시 만나게 될지, 혹시 죽어서도 여전히 간경화 때문에 음식 조절을 해야 될지 등등. 아무튼 후대 그리스도교에서 생겨난 수많은 사후세계 가르침을 고려할 때 기이할 정도로 예수는 말을 아낀 것이다.

　마르 12,18-27에서 다루는 주제는 바로 사후세계에 관

13) 또한 요세푸스는 사두가이들이 에피쿠르스 학파에 가깝다고 했지만 실제 노선은 많이 다르다. 요세푸스가 착각을 한 것 같다. "사두가이의 주장에 따르면 영혼은 육체에 깊이 뿌리를 내리고 있으며, 여기서 벗어나

한 것이다. 예루살렘에 들어선 예수에게 각 종파의 지도자들이 사이좋게 돌아가며 질문을 퍼부어댄다. 대제관들, 율사들, 원로들, 바리사이들, 헤로데파 사람들, 그리고 마침내 부활이 없다고 주장하는 사두가이들까지 그분에게 덤벼들었다. 사두가이파 사람들은 현실적 노선을 걸은 종파로 유명하다. 성전에서 제사를 맡아 하는 사제들을 주로 배출했던 사두가이파는 바리사이파에 비해 신학적으로 많이 냉랭한 편이었다. 종말과 내세를 거부하고 부활을 인정하지 않았으며 천사와 악마라는 존재의 필요성도 받아들이지 않았다. 한 마디로 눈에 보이는 현상세계에 기반을 두어, 확인되지 않으면 무엇도 인정할 수 없었던 것이다[13].

마르 12,18-27 [18]부활이 없다고 주장하는 사두가이들이 예수께 와서는 질문하여 이렇게 말했다. [19]"선생님, 모세가 기록하여 우리에게 남긴 바에 의하면, 어떤 사람의 형제가 죽고 부인만 남아서 자식을 두지 못한 경우, 그 동기는 그 부인을 맞아 자기 형제에게 후사를 세워 주도록 해야 합니다. [20]칠 형제가

는 가르침을 율법서(모세오경)에서 찾아볼 수 없다."(요세푸스, 『유대고사』 18,16-17)고 한다. 말하자면 부활신앙의 경우, 율법서에 부활이 언급되어있지 않기에 인정할 수 없다는 식이다. 모세오경만 정경正經으로 인정하는 그들의 신학원칙을 보여준다. 율법을 철저하게 준수해야만 의인義人대열에 들어서고, 그렇게 열심히 산 의인에게는 당연히 걸 맞는 보상이 따라야 하며, 보상이 주어지려면 부활을 인정하지 않을 수 없다는 바리사이의 가르침과 비교할 때, 사두가이 신학이 실증적인 차원에 바탕을 둔다는 점을 보여준다. 엄밀히 따지면 부활신앙이 나타나는 것은 포로기(기원전 587~538년) 이후 문서들이므로 사두가이의 주장에 타당성이 있는 것으로 보인다(다니 12,2; 이사 25,8; 26,19; 시편 73,24-25).

있었는데, 첫째가 아내를 맞았다가 죽고 후사를 두지 못했습니다. [21]그래서 둘째가 그 여인을 맞았지만 또 후사를 남기지 못한 채 죽었고, 셋째도 그러하였습니다. [22]그렇게 일곱이 다 후사를 두지 못했습니다. 모두 죽고 마지막으로 그 부인도 죽었습니다. [23]그들이 [다시 살아나는] 부활 때 그 여인은 그들 가운데 누구의 아내가 되겠습니까? 사실 일곱이 모두 그 여인을 아내로 삼았으니 말입니다." [24]예수께서 그들에게 말씀하셨다. "여러분은 성경도 모르고 하느님의 능력도 모르기 때문에 잘못 생각하고 있는 것이 아닙니까? [25]사람들이 죽은 이들 가운데서 다시 살아날 때에는 장가들지도 않고 시집가지도 않으며, 하늘에 있는 천사들과 같기 때문입니다. [26]그리고 죽은 이들에 관해서, 그들이 일으켜진다는 사실을 두고 모세의 책 가시덤불 대목에서, 하느님께서 모세에게 어떻게 말씀하셨는지 읽어 보지 못했습니까? '나는 아브라함의 하느님, 이사악의 하느님, 야곱의 하느님' 이라 하셨습니다. [27]그분은 죽은 이들의 하느님이 아니라 살아 있는 이들의 하느님이십니다. 여러분은 크게 잘못 생각하고 있는 것입니다."

율법에 따르면 어느 유대인 남자가 후사 없이 죽은 경우 그 부인을 남은 형제가 부인으로 거두어야 한다(**수혼법**嫂婚法). "여러 형제가 함께 살다가 그중의 하나가 아들 없이 죽었을 경우에 남은 과부는 일가 아닌 남과 결혼하지 못한다. 시동생이 그를 아내로 맞아 같이 살아서 시동생으로서의 의무를 감당해야 한다."(신명 25,5;창세 38,8 참조) 형수를 시동생이 거두어야 할 이유는 세 가지인데, 우선 남은 형제가 형의 후사를 대신 이어줄 수 있고(신명 25,6), 형수에게 남겨진 가문의 재산이 외부로 빠져나가는 것을 막을 수 있으며, 남편과 후손 없이 험한 꼴로 살아야 하는 과부의 처지를 보호하려는 이유도 있다. 수혼법은 관점에 따라서 약자보호법의 성격도 있는 것이다. 그런데 만일 부활이 있다고 하면 골치 아픈 문제가 발생한다.

사두가이들은 지독하게 재수 없는 어느 집안에서 일곱 형제가 연이어 죽었고 맏형의 부인이 나머지 여섯 남동생과 연이어 재혼한 경우를 제시한다. 사두가이가 예를 든 '일곱 남편'은 구약의 외경인 토빗서에 등장하는 인물인 사라의 남편들로(3,8; 15; 6,13)로 성서에서 검증될 수 있는 한 최다의 남편 숫자이다. 첫째, 둘째, 셋째 하고 경우의 수를 따지는 것(Regeln di tri)은 일종의 점층법에 해당한다. 과연 종말의 날이 닥쳐 모두 부활하면 그 여인은 누구의 부인이 되어야 마땅한가? 큰 혼란을 겪지 않겠는가. 그러니 당시 유행하던 부활 신앙이란 부조리(ad absurdum)의 소산일 뿐이다.

사두가이들이 예수에게 던지는 질문은 도망갈 구석이 별로 없는 잔인한 것임에 틀림없다. 각 상황에 맞춰 적절한 해결책을 제시하는 결의론決疑論[14]을 적용하려니 형제의

[14) 사회적 관습이나 교회, 성서의 율법에 비추어 도적적인 문제를 해결하려는 윤리학 이론. 고대 유대교 문헌(『미슈나』)에 많이 적용되었고 중세 스콜라 철학에서도 이 같은 연구가 행해졌다.

숫자가 너무 많고, 남성중심의 가부장 사회에서 여성에게 원하는 남편을 고르라 할 수도 없고, 영향력이 미미한 사두가이의 견해에 동조해 부활이 없다고 하면 대중에게 인기가 높았던 바리사이와 등을 돌려 위험을 자초하는 일이 될 것이고[15], 만일 '나도 모르겠다'고 하면 사람들 앞에서 우스갯감이 될 테고. 아마 예루살렘에 입성한 이후 예수는 단 한 시간도 편하게 지내지 못했을 것이다.

예수는 사두가이의 질문에 두 가지로 답을 한다. 24~25절은 부활의 방식方式이고 26~27절은 부활의 진상眞相이다. 24절에 보면 마치 부활에 대한 언급이 율법서에 나와 있는 듯한 인상을 준다. 하지만 이는 부활이 '하느님의 능력', 곧 하느님의 영역에서 벌어지는 사건임을 알려주려고 한 일반적인 서술일 뿐이다. '하느님의 능력'이라는 말은 부활한 이의 삶은 세상적인 방식으로는 가늠할 수 없다는 말의 우회적인 표현이다. 구태여 말하자면 이는 천사가 누리는 삶과 같다고 할 수 있다. 천사는 불멸하고 결혼하지 않으니 후손이 있을 리 만무다[16]. 예수는 사두가이들의 큰 잘못이 하느님의 능력을 과소평가한 데 있음을 지적하고 더불어 부활, 내세, 천사, 종말 거부 등 잘못된 사두가이들

---

15) 만일 바리사이에게 같은 질문을 했다면 아마 첫 남편과 맺어져야 한다고 주장했을 것이다(Lohmeyer, 256). 『탈무드』에 보면 랍비 가말리엘 2세(기원후 90년경)가 사두가이와 논쟁을 벌인 이야기가 나오는데, 랍비가 율법과 예언서와 다른 문서들에서 죽은자의 부활에 대해 충분한 예를 들었으나 사두가이가 결코 동조하지 않은 것으로 나온다(산헤드린 편 90b)

의 가르침을 바로잡는다.

　다음으로 예수는 출애 3,6에 나오는 하느님의 자기 계시를 인용한다. "나는 아브라함의 하느님, 이사악의 하느님, 야곱의 하느님이다." 이 인용문을 근거로 예수는 '살아있는 이들의 하느님'임을 강조한다. 논리의 비약이 감지되는 내용이다. 족장들은 과거의 인물이다. 이미 죽은 사람들이라는 말이다. 그런데 엉뚱하게 그들을 산 사람 취급하고 있지 않은가? 우선 부활의 증명이라는 맥락에서는 과거에 죽은 족장들이지만 지금은 하느님 옆에 살아 있으니 부활이 있을 수밖에 없다는 역증명이 되겠고[17], 다음으로 24~25절에 거론된 하느님의 능력을 강조한 것이라면 족장들이 영생을 누리고 있다는 뜻이 된다[18]. 즉, 족장들은 영원하신 하느님 옆에서 살아있고 이는 그들이 하느님의 시간으로 진입해 들어간 존재임을 의미한다. 강조점을 어디에 두었든, 사후 세계가 없다고 한 사두가이들의 부활

---

16) 율법서에는 나오지 않고 지혜 1,16–17; 에티오피아어 에녹 5,14; 시리아어 바룩 51,10 등에 그렇게 나와 있다. "부활한 이는 저 세상의 높은 곳에서 하늘의 천사나 별처럼 살고", "부인이나 후손이 없다."고 한다. 또한 『탈무드』(베라콧편 17a)에 보면 3세기 경 바빌론의 스승 랍은 내세에서는 먹고 마시는 일이나, 자녀를 낳는 일이나, 질투, 미움, 싸움 등이 없이 오직 전능하신 하느님 옆에서 같이 영광을 누릴 것이라고 한다.

17) J. Gnilka, *Das Evangelium nach Markus 1.2*, EKK 2, Neukirchen 1979, 160쪽; D. Luhrmann, *Das Markusevangelium*, HNT 3, Tubingen 1987, 204쪽.

18) E. Schweizer, *Das Evangelium nach Markus*, NTD 1, Gottingen 1989,136쪽; V. Taylor, *The Gospel according to St. Mark*, New York 1966, 483~484쪽. 또한 종말론적으로는 장차 종말의 날에 족장들이 세상에 다시 오리라는 믿음이 반영되어있는 것으로 볼 수도 있다 (R. Pesch, *Das Markusevangelium*, HThNT 2/1, Freiburg 1984, 234쪽)

해석에는 큰 오류가 있는 것이다.

사두가이들은 예수에게 당시 널리 통용되던 부활신앙이 합리적이지 않은 허황된 믿음임을 알리려한다. 그러나 예수의 대답은 비단 부활신앙의 정당성을 증명하는 데 머무르지 않는다. 오히려 예수는 부활신앙을 탄생하게 한 하느님의 대해 말씀한다. 하느님의 방식은 인간의 방식과 완전히 다르니, 우리네 상식은 전혀 통하지 않는 분이다. 따라서 (잉꼬부부에게는 좀 안 된 말이지만) 지금 살고 있는 배우자와 부활 후에도 다시 살 수 있을까, 없을까? 하는 질문 자체가 성립되지 않는 것이다.

인간은 삶과 죽음과 부활과 내세의 시간을 구분한다. 시간의 흐름을 직선적으로 보기 때문이다. 그러나 하느님의 시간은 다르다. 오직 현재만 있는 것이다. 아브라함과 이삭과 야곱 그리고 필자를 포함해 하느님에게는 모두 현재의 인물들일 뿐이다. 살아있는 이들의 하느님! 우리가 하느님에게서 '영원한 현재'를 감지할 수 있다면 바로 그 이유 때문이다.

6.4. 다석의 시간 이해

　다석은 독특한 노선을 걸었던 선배 그리스도인이다. 그는 서구 문명이 물밀듯 유입되던 우리나라 현대사에서, 아무도 몰라주는 사이에 새로운 이정표를 확립한 인물이다. 서구신학 일색의 그리스도교 가르침에 동양사상을 접합시켜 하느님 이해의 지평을 놀라우리만치 확대시켰다. 특히, 최근 들어 비록 속기록이기는 하시반 그의 육성을 직접 집하면서[19] 도대체 다석이 넘나들던 접경이 어디인지조차 가늠하기 힘들 정도가 되었다. 그간에 2차 자료들에 의지해 필자 멋대로 구축했던 다석에 대한 인상이 송두리째 깨지는 경험도 종종 했다.

| 19) 『다석강의』, 다석학회 엮음, 현암사, 2006.

다석 사상의 특징 중 하나는 서구신학을 통해서 쉽게 접근할 수 없었던 하느님 이해이다. 하느님을 설명하기 위해 그는 새로운 용어를 몇 가지 만들어냈다. 우리나라 말에서는 도통 쓰이지 않던 어휘들이다. 말 그대로 신조어를 탄생시킨 셈인데, 하나, 한아님, 한올님, 그림미른이, 참하나, 빔(빈 탕) 그리고 생애 말년에는 '아바디'라는 한 마디만 되뇌었다고 한다. '하느님'(가톨릭)과 '하나님'(개신교)이라는 이름 하나만 갖고 죽자 살자 매달리는 오늘날 한국 그리스도인들에 비하면 훨씬 여유로워 보인다. 생각 따라, 상황 따라, 흐름 따라, 다양한 의미를 던져줄 수 있는 생생한 이름들이니 말이다. 그중에서도 특히 '빔'이 이글의 주제와 관련이 깊다.

다석에게 '시간'은 대단히 아슬아슬한 것이다. 그래서 다석 스스로도 세상에서 가장 얇은 것이 시간이라고 말한다. 인간은 자기에게 주어진 일생 안에 꼭 이루고 싶은 일들이 있지만 실제로 다 이루어지지 않는 게 이치이다. 아쉬움만 남기고 죽어야 하는 게 인간의 슬픈 운명이라는 말이겠다. 그러니 시간이란 얇은 것 중에도 가장 얇고 그 위를 밟고 지나가야 하는 인간은 참으로 신중을 기해야 한다[20].

다석은 『대학』大學 경장經章 편을 분석하면서 시간의 내용을 살핀다. 경장은 삼강령三綱領, 즉 재명명덕在明明德, 재친민在親民, 재지어지선在止於至善과 나머지 팔조목八條目

| 20) "薄莫薄於存時刻"(같은 책 346쪽)

으로 구성되는데 다석은 삼강령마저도 하나로 통하는 바
가 있다고 한다.

능득명친지能得明親止, 능히 얻은 뒤에 천하의 덕德을 밝히고
천하를 명명明明하게 친親하는 데 이르러야 합니다. 거기에서
그칠 줄을 알게 합니다. 그러므로 '지어지선' 하고 명명덕明明
德하고 친민親民하는데 무슨 선후가 있는 것은 아닙니다. 즉,
『대학』의 삼강령에서 그 선후를 따지는 것은 안 될 말입니다.
지지知至이며 지지至之요 지종知終이며 종지終之입니다. 명
덕明德, 친민親民, 지선至善이 따져서 따로따로 있는 것이 아
닙니다.[21]

이어서 다석은 우리에게 허락된 시간도 선후가 없기는
마찬가지라고 한다.

알파(A)와 오메가(Ω)처럼, 그믐이 초하루이고 24시가 0시이
며 0시가 24시입니다. 그림 1[22]에서는 '물유본말 사유종시物
有本末 事有終始'를 볼 수 있습니다. 또 지소선후知所先后도

---

21) 『다석강의』, 433쪽.
22)

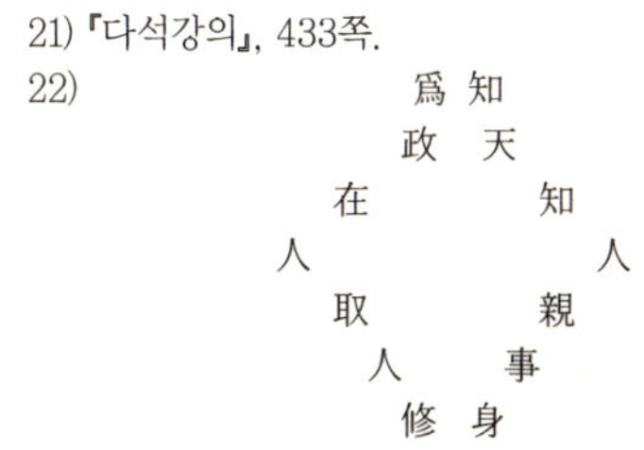

나오는데, 이것 역시 절대가 아닙니다. 상대에서 따지는 것입니다. 절대에서 보면 선후상치先后相馳일 것입니다.[23]

그의 설명에 따르면 시간은 꼬리에 꼬리를 물고 흘러가는 특징을 갖는다. 초등학교를 졸업하면 중학교 1학년이 되고 중학교를 졸업하면 다시 고등학교 1학년이 되는 식이다. 말하자면 시작은 끝으로 이어지고 끝은 시작으로 통하는 것이다. 하지만 다석의 설명은 단순히 시간의 흐름이 갖는 속성을 보여주려는 게 아니라 시간의 흐름 안에 들어 있는 단위시간, 즉 시작과 끝으로 단락이 설정되는 시간의 실재를 알려주는 데 그 목적이 있다. 시간이 무한정 흘러가는 것도 사실이지만 그 안에 또한 분명한 구분이 들어있다는 뜻이다.

이 세상에 태어난 나는 아버지와 어머니의 끝(긋)입니다. 딸이 시집을 갑니다. 그것은 종시終始입니다. 섭섭해 하며 가지만 또 시작입니다. 세상 사람이 이 세상에 나온 것은 종시입니다. 모든 것을 시종과 본말로 보고 싶으나 종시입니다. 그러면 능득能得을 합니다. 앞으로 볼 것을 능숙하게 보고 마칠 것을 마

---

23) 『다석강의』, 439쪽.
24) 『다석강의』, 439쪽.
25) 어떤 종교든 그 근원을 따지고 들어가면 나름대로의 역사를 보는 시각(역사관)이 있다. 각 종교의 역사관들은 서로 다른 모습을 가져 여러모로 차이가 있기는 하지만 대략 두 가지로 구분하는데, 그 하나는 원형의 역사관이고 다른 하나는 직선형의 역사관이다. 뒤의 직선형이라 함은

치어, 완전히 하나(절대)로 마친다는 뜻에서 '능득' 입니다. 이 앞에 지지知止는 완전히 지어지선止於至善에 갔을 때, 우리가 지知가 가서 그칠 때를 말합니다. 이것이 또한 시작입니다. 말을 아무 데나 함부로 쓰지 못한다는 것을 알 수 있습니다. 초등학교를 마치면 중학교에 들어갑니다. 초등학교에서는 끝이지만 중학교에 들어가기 때문에 또 시작입니다. 그런 대로 종시로 볼 수 있습니다. 머리가 먼저 가 있는 것입니다.[24]

상식적으로 보아, 아무런 구분 없이 시간이 무한정 반복해서 돌아간다면 시간의 양적 흐름만 있을 뿐 질적 가치는 사라지고 말 것이다[25].
다석은 시간의 참 가치가 '이제' 에 있다는 주장을 편다[26].
지금 이 순간, 시간은 최고의 의미를 가지며 '이제' 살고 있는 '나' 는 바로 한 처음을 펼쳤던 하느님의 시작과 창조된 세상의 중심에 서 있다.

내가 사는 데를 '여기' 라고 한다. 그제저제는 내가 사는 것이

지난 역사가 다시 되풀이될 수 없다는 측면을 지닌, 다분히 목적론적인 역사관을 뜻한다.(H. Leisegang, *Denkformen*, Berlin 1951, 355~442쪽 참조). 다석의 시간 이해를 구태여 틀어 넣어보면 그는 원형의 역사관과 직선형의 역사관이 혼합된 상태로 볼 수 있다.
26) 바울로도 종종 이와 비슷한 말을 한다: "우리는 하느님의 일에 협력하는 사람으로서 여러분이 하느님의 은총을 헛되이 받는 일이 없도록 권고하는 바입니다. 과연 그분은 '내가 알맞은 때에 네 청을 들어주었고 구원의 날에 너를 도와주었노라' (이사 49,8)하고 말씀하십니다. 보시오, 지금이야말로 알맞은 때이며, 보시오, 지금이야말로 구원의 날입니다."(2고린 6,1-2)

아니다. '이제' 내가 사는 것이다. 사는 때가 이제이다. 사는 때가 이제, 사는 곳이 여기이다. 이어 이어 내려와서 여기가 된 것이다. 한아님이 나를 이어주고 나는 한아님과 이어지고 다시 이어 여기 온 것이 나라는 것을 생각한다. 어머니 뱃속에서 나올 때도 이제 나왔고 운명할 때도 이제 숨을 걷는다고 한다.[27]

자신에게 주어진 시간과 장소가 바로 하느님이 창조한 드넓은 우주의 중심임을 깨달은 '나'는 자신의 근본을 찾아낼 수 있는 크나큰 이치에 도달하는 환희를 맛본다. 바로 가온찍기(ㄹ[28])의 경이로움을 이해할 수 있게 된 것이다.

이렇게 보면 산다는 것은 '이제 여기'에 있는 것이라고 해야 할 것이다. 다른 것은 몰라도 '나는 여기 있다'는 것은 대단히 훌륭한 발견이라고 볼 수 있다. 이것은 참말이다. 그러니까 아무리 넓은 세상이라도 '여기'이고 아무리 긴 세상이라도 '이제'이다. 가온찍기(ㄹ)이다. 이 점이 나가는 것이 원점이며 나라는 것의 원점이다.[29]

---

27) 유영모, 『다석어록: 죽음에 생명을 절망에 희망을』, 홍익재, 1993, 62쪽.
28) 이 역시 다석의 독특한 어휘이다. 'ㄱ'은 하늘에서 내려오는 하느님 뜻의 모양이고 'ㄴ'은 땅에서 그 뜻을 받는 모양이다. 그 중심에 서 있는 '아래 아'는 인간을 뜻한다. 하늘과 인간과 땅의 관계를 형상화한 글자이다.
29) 『다석어록』, 42쪽.

다석에게 일차적으로 주어진 질문은 '나는 누구인가?' 이다. 이 우주의 한 모퉁이에 처박혀 살고 있는 '나'! 그런 나에게 과연 어떤 가치가 있을까? 그 질문의 대답을 가온찍기(군)에서 발견한 다석은 바야흐로 그 범위를 대폭 확대시켜 모든 생명의 근원이자 일체의 근원인 한아님에게로 나아간다. 이른바 보본추원報本追遠의 경지이다. 거기서 우리는 진정한 영생의 길을 비로소 찾아낼 수 있는 것이다.

우리의 생명이 피어 한없이 넓어지면 빔(空: 절대)에 다다를 것이다. 곧 영생하는 것이다. '빔'은 맨 처음 생명의 근원이요, 일체의 근원이다. 한아님이다. 나도 인격적인 한아님을 생각한다. 한아님은 인격적이지만 우리 같은 인격은 아니다. 인격적이란 맨 처음 일체란 뜻이다. 있 없(유무)을 초월했다. 한아님을 찾는데 물질에 만족하면 안 된다. 있는 것에 만족 못하니 없는 한아님을 찾는 것이다. 그래서 한아님은 없이 계신이다.[30]

다석은 시간의 흐름이 갖는 성격과 그 흐름의 중심에 무엇이 있는지를 설명하는 데 전력을 기울였다는 느낌을 받는다. 다석은 끝을 향해 한 방향으로만 흘러가는 서구의 직선적인 시간관과 구별되는 시간관, 즉 영원히 순환하며

| 30) 『다석어록』, 285쪽.

흘러가는 시간관을 제시했다. 그리고 그 중심에 서 있는 단위시간으로서 '나'의 '이제', 그리고 이를 깨달은 '나'로부터 도달되는 (우주를 포괄하는) 웅장한 하느님의 시간을 알려주려 한다.

예수의 가르침을 다석의 시간이해로 풀어보면, 아브라함, 야곱, 이삭 등등의 개인적인 실존은 힘없이 명멸하는 게 아니라 제각각 '이제'의 '나'로서 지금도 지속된다. 그리고 '나'의 원점을 맹렬히 추적하면 한없이 넓은 하느님에 다다를 수 있다. 하느님의 존재방식에 참여하는 것이 '영생', 곧 예수가 가르쳐준 바대로 '영원한 현재'를 나누어갖는 것이다[31]. 죽음이나 종말로 대변되는 직선적 시간관으로 도저히 설명해낼 수 없는 경지이다.

31) C. H. Dodd는 '영원한 생명(영생)'에서 '영원한'은 시간성을 극복한 개념(timeless)이라고 정의 내린다. (*The Interpretation of the Fourth Gospel*, Cambridge 1954, 150쪽)

32) '때가 찼다' 외에도 예수의 말씀 중에는 난해한 표현들이 종종 눈에 띈다. "그리고 예수께서는 그들에게 말씀하셨다. "진실히 여러분에게 이르거니와, 여기 서 있는 사람들 가운데에는 하느님의 나라가 권능을 떨치며 오는 것을 볼 때까지 죽음을 겪지 않을 사람들이 더러 있습니다." (마르 9,1) "진실히 여러분에게 이르거니와, 이 모든 일이 일어나기까지 이 세대는 결코 사라지지 않을 것입니다 ……… 그러나 그 날과 시간에 대해서는 아무도 모릅니다. 아버지 외에는 하늘에 있는 천사들이나 아들조차도 모릅니다. 여러분은 조심하고 깨어 지키시오. 사실 여러분은 그 때가 언제 올지 모르기 때문입니다."(마르 13,30-33)

6.5. 나오는 말

예수는 하느님 나라를 설명할 때 종종 시간의 추이를 사용한다. 그런데 그분의 말씀이 워낙 난해해 제대로 알아듣기 힘들뿐더러 어떤 경우는 상식을 훌쩍 뛰어넘는 느낌마저 준다. 예를 들어, "때가 차서 하느님의 나라가 왔습니다. 여러분은 회개하고 복음을 믿으시오"(마르 1,15)는 어떠한가? 여기서 '왔습니다'는 완료형으로, 때가 충만한 상태, 즉 하느님 나라의 도래가 이미 완료되었다는 뜻이다. 그렇다면 우리가 이미 하느님의 나라에 살고 있다는 말인가?[32]

요한 8,48-59의 분석을 통해 예수가 제시한 하느님의 시간을 '영원한 현재'로 정의 내렸다('2. 나는 있습니다'). 하지만 요한복음에는 복음서작가의 편집사상이 많이 개입되어 있어, 역사의 예수에게 소급시키려면 언제나 신중한 판단력이 요구된다. 그에 비해 마르코복음의 논쟁사화인 12,18-27은 상당한 역사성을 보장받을 수 있다('3. 살아있는 이들의 하느님').

역사의 예수는 주변사람들에게 틀림없이 별종으로 보였을 것이다. 예수를 부정적으로 바라보는 자들뿐 아니라 같은 편에 서 있는 이들에게도 마찬가지다. 예수는 이제까지 누구도 알지 못했던 시간개념을 제시했다. 시간에 대한 전향적인 개념설정이라고나 할까? 당시의 시선으로 예수의 말씀을 온전히 이해하는 일은 불가능했다. 그리고 이후로 오랫동안 교회는 예수의 존재를 신비의 영역으로 넘겨놓고 '접근불가'라는 팻말을 붙여두었다. 그런데 요즘은 상황이 달라졌다는 느낌이다. 과학의 발전으로 시간의 비밀이 하나씩 벗겨지면서 비록 인간이 누릴 수는 없지만 물리적 시간제한을 벗어난 4차원의 세계를 추정하고, 불교 등 타종교와의 대화를 통해 절대자를 이해하는 그리스도교 신학의 폭이 점점 넓어져가는 추세이다. 도대체 억겁億劫이나 찰나刹那같은 불교용어를 그리스도교에서 들어본 적이 있었던가 말이다. 이제는 예수가 활약했던 시대보다 시간에 대한 정보가 훨씬 많아진 것이다.

필자는 오지랖이 좁은 편이라 성서신학에서 동양사상의 풍요한 가르침과 자연과학의 두터운 논리로 넘어가기에는 역부족이다. 이 책 저 책 부지런히 뒤적여 보지만 아직 길이 한 참 멀어 보인다. 그런 필자에게 다석의 혜안慧眼은 단비와 같았다('4. 다석의 시간 이해'). 물론 과문한 탓에 다석의 시간이해가 과연 신약성서에서 예수의 말씀을 통해 제시된 하느님의 시간개념인 '영원한 현재'와 어떻게 통하는지 아직 속 후련하게 깨닫지 못했다. 필자에겐 여전히 미완의 결론으로 남아있는 셈이다.

필자가 파악한 바로 예수는 '하느님의 시간'을 '영원한 현재'라는 개념으로 풀어냈다. 하지만 이는 단지 필자의 정의일 뿐, 예수 특유의 가르침 방식에는 그런 피상적인 개념이 끼어들 여지가 없다. 그저 "살아있는 이들의 하느님"이라는 평범한 어휘면 족하다. 하지만 예수의 평범한 언어는 시대를 넘어, 지역을 넘어, 과학을 넘어, 사상을 넘어 전달되는 놀라운 힘을 갖고 있다.

"나는 있습니다."

놀라운 예수 앞에서 이실직고以實直告, 그저 납작 엎드릴 뿐이다.

---

* 다석의 생애와 사상에 관해서는, 유영모, 『다석어록: 죽음에 생명을 절망에 희망을』, 홍익재, 1993; 『다석강의』, 다석학회 엮음, 현암사, 2006.; 윤정현, 『없이 계시는 하느님-절대자에 대해 동양적 사고로 이해하기』, 비매품, 참조.

7. 맺음말

7. 맺음말

예수의 추종자들은 다양했다. 어부, 세리, 창녀, 여성, 병자 같은 소외 계층도 있었지만 사회 지도층 인사도 다수 포함되어 있었다. 특히, 산헤드린 의원이었던 아리마테 요셉(마르 15,42-47)이나 바리사이파 지도자인 니고데모(요한 3,1-21)는 예수를 열심히 따르던 이들이었다. 그런가하면 예수를 자기 집에 초대했던 이름 모를 바리사이가 있고(루가 11,37), 딸을 고치기 위해 예수 앞에 무릎을 꿇은 회당장

야이로가 있었으며(마르 5,21-23), 예수와 제자들이 한 상에 앉아 음식을 나누는 것을 보고 분노를 터뜨렸던 바리사이파 율사들이 있었다(마르 2,15-17).

예수의 추종자들 중에 종교지도자들을 포함한 지도층 인사들이 많이 포함되어 있었음은 분명한 사실史實이다. 그러나 우리는 일반적으로 지도층 인사들이 예수에게 유난히 적대적이었다는 인상을 갖고 있다. 바리사이, 사두가이, 헤로데파 사람들, 율사, 장로 등등을 어떻게 해서든지 예수를 제거하려 애쓴 인물들로 여긴다는 말이다. 그렇게 된 까닭은 간단하다. 예수를 십자가형에 넘긴 자들이 지도층 인사들의 연합세력이라는 점에 집착해, 네 복음서가 한결 같이 그들을 부정적으로 묘사하는데 전력을 기울였기 때문이다. 즉, 복음서작가들의 사관史觀이 문제인 것이다. 하지만 복잡한 율법지식이나 논리적인 질문에서 예수의 대화상대가 언제나 종교지도자였다는 사실에 주목할 필요가 있다.

논쟁이 진행되는 과정을 꼼꼼히 들여다보면 예수도 율사들의 교육 방법을 어느 정도 알고 있었던 것 같다. 율사들의 학풍에서 제자 교육은 문답식 공부로 이루어졌다. 선생은 앉아서 자신의 학설을 강의하고 학생은 그의 발치에서 배운다(마태 5,1; 루가 10,39; 사도 22,3 참고). 학생이 바른 지식을 얻으려 질문을 던지면 선생은 '네가 성서에서 무엇을 찾았느냐?' 고 반문한다. 이어서 학생이 자신이 발견한 바를 말하면, 선생은 '네 말이 옳다' 라고 맞장구친다. 이어지는 질문을 통해 선생은 학생의 통찰력을 계속 자극시켜 결국 스스로 바른 결론에 도달하도록 이끈다.(36쪽 참조)

복음서에는 예수가 종교지도자들과 한 가지 주제를 두고 대화를 나눈 예들이 많이 들어 있다. 그리고 대화들 중 상당수는 종교지도자들과 예수 사이에 질문과 맞 질문이 오가는 논쟁 형식으로 진행된다(마르 3,1-6; 22-27; 10,1-12; 11,27-33; 11,13-17; 마태 15,1-4 등). 그러나 논쟁은 언제나 예수의 승리로 끝나는데, 이 또한 복음서작가들의 편집의도가 확실하게 드러나는 대목이다.

앞서 살펴보았듯이 종교지도자들은 다양한 질문을 예수에게 퍼부었다. 예수를 위험인물로 보았기에 어떻게 해서든지 함정에 몰아넣으려는 의도도 물론 없지 않았을 터다. 그러나 필자의 생각에 그들이 예수 앞에 나온 첫 번째 이유는 실존적 갈등과 지적 호기심이었다. 하느님과 인간과 세상에 대해 궁금한 게 한두 가지가 아니었을 테니 말이다. 물론 교육을 많이 받은 사람의 특징이 지식의 과시이긴 하나 또한 무엇인가 궁금한 점을 합리적으로 이해하려는 지적 호기심이 수시로 발동한다는 사실도 무시해선 안 된다. '단식을 왜 안합니까?' 라는 질문 뒤에는 '단식을 왜 합니까?' 라는 행간 질문이 들어있는 법이다. 한 번 질문을 뒤집어 볼 필요가 있다.

예수에게 종교지도자들이 던진 질문들을 뒤집어 풀어보면 아마 다음과 같이 바꿀 수 있을 것이다. 결혼이란 무엇입니까? 여자는 누구입니까? 인간이란 무엇입니까? 저 사람은 왜 죄인인가요? 죄란 무엇입니까? 죄인도 구원받을 수 있나요? 로마 놈들을 어떻게 해야 하나요? 가난한 자는 왜 있나요? 불공평한 세상은 왜 사라지지 않나요? 주일엔 왜 쉬나요? 밥 먹기 전에 손을 왜 씻어야 하나요? 젊은이에게 무엇을 가르쳐야 하나요? 남녀 사랑이 무엇이기에 대낮에도 불륜을 일삼나요? 부자도 구원을 받나요? 늙는 게 두렵지 않나요? 이러다가 갑자기 죽으면 어떻게 하나요? 계시란 무엇인가요? 메시아는 언제 오나요? 아니 벌써 왔나요? 율법만 지키면 다 되나요? 율법의 정신은 무엇인가요? 하느님은 누구신가요? 당신은 누군가요? 전 어떻게 살아야 하나요? 나는 누군가요?

질문들을 이리저리 바꾸어보았더니 현대인들이 갖는 질문과 별반 차이가 없음을 알 수 있다. 조금 과장해서 말하면 종교지도자들과 예수는 바로 우리의 문제를 두고 논쟁을 벌인 것이었다. 만일 그리스도인에 대한 박해의 시대가 없었고 유대교에 대한 복음서작가들의 피해의식이 희미했다면 우리는 예수의 입에서 흘러나온 지혜를 훨씬 더 많이 얻어들었을지 모른다. 하지만 이는 역사가 허락하지 않는 일이다.

예수의 영혼은 한없이 자유로웠다. 논쟁사화를 통해서 우리가 얻을 수 있는 결론이다. 그분은 율법으로 대변되는 이스라엘 전통에 결코 묶이지 않았다. 아니, 예수에게 유구한 전통 따위는 아무런 쓸모가 없었다고 말하는 게 옳을지 모른다. 그분이 한 번이라도 종교지도자들의 입장에 제대로 경의를 표하거나 동의한 적이 있었던가? 그렇게 자유로운 영혼으로, 예수는 거침없이 앞으로 나아갔다.

예수의 논쟁사화에는 숭고한 가르침이 들어있다. 율법의 정신을 밝혔음은 물론 하느님을 이전과 전혀 다른 방식으로 알려 주었고, 무엇보다도 인간 실존에 대한 깊이 있는 재해석이 눈에 띈다. 그리고 예수는 요구한다. 비참한 삶을 살 것인가, 아니면 그에 맞설 것인가? 제자들은 비록 보잘 것 없는 환경에서 태어나 한때 잘못된 선택을 했고 실수 연발의 인생을 보냈지만 이제 서광이 비친다. 예수가 제자들에게 요구하는 '맞섬'은 보는 각도에 따라 실패일 수 있다. 하지만 도전 그 자체에 아름다움과 대범함이 숨어있다. 그 도전에는 대안代案을 향한 애타는 갈증이 담겨 있고 불행한 삶에 대한 용감한 거절이 숨 쉬고 있다. 비참하고 나태해진 삶에 대한 용감한 거절……, '논쟁사화'를 단지 2천 년 전 이스라엘 땅에 묶어둘 수 없는 이유이다.

'논쟁'이라는 말은 쓰임에 따라 부정적이고 긍정적인 뜻을 동시에 갖는다. 만일 '조선시대 말기에 양반들은 논쟁만 즐기다가 결국 나라를 말아 먹었다'라고 할 땐 나라에 망조를 가져온, 생산성이라곤 전혀 없는 말다툼이 떠오른다. 물론 이는 일본인들이 조선을 접수하는 과정에서 만들어낸 유치한 속설俗說일 가능성이 높다. 그런가 하면 '식민지사관을 가진 구세대 사학자들과 맞선 젊은 사학자들이 끊임없는 논쟁을 통해 민족사관을 확립했다' 라고 할 땐 국사학회에 희망의 빛을 가져오게 만든, 거침없이 전개되는 이론적 도전을 떠올릴 수 있다. '논쟁' 이라는 말이 대단히 긍정적인 의미로 사용된 것이다.

합리적이고 과학적인 사고와 대답을 기대하는 오늘의 그리스도인들에게 '논쟁사화' 는 보물과 같다. 우리의 골머리를 싸매게 하는 질문과 대답들이 여기에 들어있기 때문이다.

오늘은 예수의 논쟁사화가 어느 때보다 필요한 날이다.

참고문헌

■ 배경사

아리스토텔레스, 『수사학』 I, II, III, 이종오 역, 리젬출판사, 2007

드 보 R., 『구약시대의 생활풍속』, 이양구 역, 대한기독교서회, 1983.

　　　－ , 『구약시대의 종교풍속』, 이양구 역, 나단, 1993.

라이케 B., 『신약성서시대사』, 한국신학연구소 편, 1986.

란츠콥스키 G., 『종교사입문』, 박태식 역, 분도출판사, 2003.

로제 E., 『신약성서 배경사』, 박창환 역, 대한기독교출판사, 1984.

맥 B.L., 『수사학과 신약성서』, 유태엽 역, 나단, 1990.

박상래, 『성서와 그 주변 이야기』, 바오로딸, 1997.

예레미아스 J., 『예수시대의 예루살렘』, 한국신학연구소 편, 1989.

정양모, 『사도바울로의 위대한 여행』, 생활성서사, 1997.

　　　－ , 『이스라엘성지』, 생활성서사, 1988.

정태현, 『성서입문』, 한님성서연구소, 2000.

토케어 M., 『탈무드』, 은제로 역, 컨콜디아, 1978.

프란츤 A., 『세계교회사』, 최석우 역, 분도출판사, 2001.

헹겔 M., 『고대의 역사기술과 사도행전』, 전경연 역, 대한기독교서회, 1993.

Billerbeck, P., Kommentar zum Neuen Testament aus Talmud und Midrasch (Bill), München 1969.

Josephus, Flavius, Antiquitatum Judaicarum (Anti).

　－ 우리말 번역 : 요세푸스, 『유대고사』 I, II, 김기찬 역, 생명의말씀사, 1992.

The Mishnah, tr. H. Dandy, Oxford, 1983.

■ 사전

한국가톨릭대사전, 한국교회사연구소, 1999–2007.

Anchor Bible Dictionary (ABD)

Exegetisches Wörterbuch zum Neuen Testament (EWNT)

Theologisches Realenzyklopadie (TRE)

Theologisches Wöterbuch zum Alten Testament (TWAT)

Theologisches Wörterbuch zum Neuen Testament (TWNT)

Wörterbuch zum Neuen Testament (Bauer), W. Bauer, Berlin, 1988.

■ 신약성서신학

쉘클레 K.H., 『신약성서입문』, 김영선 외 역, 분도출판사, 1976.

Brown R.E., An Introduction to the New Testament, New York, 1997.

Broer I., Einleitung in das Neue Testament, Würzburg 2006.

Bultmann R., Theologie des Neuen Testaments, Tubingen, 1968.

Gnilka J., Theologie des Neuen Testaments, Freiburg, 1994.

Goppelt L., Theologie des Neuen Testaments, UTB 850, Stuttgart, 1981.

Kummel W.G., Einleitung in das Neue Testament, Heidelberg, 1964.

Schmid, J. / Wikenhauser, A., Einleitung in das Neue Testament,
        Freibrurg, 1972.

Schnelle, U., Theologie des Neuen Testaments, UTB 2917, Göttingen,
        2007.

Strecker, G., Theologie des Neuen Testaments, Berlin/New York, 1996.

– , Ein führung in die neutestamentliche Exgese, Göttingen, 1994.

■ 주석서

『200주년 신약성서주해』 합본, 분도출판사, 2000.

스테판 버니, 『놀라운 변화』, 박태식 역, 생활성서사, 2001.

Barrett C.K., The Gospel according to St. John, London 1978.

Brown R.E., The Gospel according to John, AncB 29, New York 1983.

Bultmann, R., Die Geschichte der synoptischen Tradition, FRLANT 29,
        Göttingen 1979.

–   , The Gospel of John, tr. G.R.Beasley–Murray, Oxford 1971.

Dodd C.H., The Interpretation of the Fourth Gospel, Cambridge 1954.

Donahue J.R. S.J./Harrington D.J. S.J., The Gospel of Mark, Sacra
        Pagina, Collegeville 2002.

Edwards, J.R., The Gospel according to Mark, The Pillar New Testament
        Commentary, Leicester 2002.

Ernst, J., Das Evangelium nach Markus, RNT 2, Regensburg 1981.

Evans, C.A., Mark 8:27–16:20, WBC 34b, Nashville 2001.

Fitzmyer, J.A., **The Gospel according to Luke, AncB 28**, New York, 1981.

Gnilka J., Johannesevangelium, **Die Neue Echter Bibel NT 4**, Würzburg 1983.

－　, **Das Evangelium nach Markus 1.2, EKK 2**, Neukirchen 1979.

Grundmann, W., **Das Evangelium nach Markus, ThHNT 2**, Berlin 1984.

Keenan J.P., **The Gospel of Mark**, New York 1995.

Kertelge, K., **Markusevangelium, NEB 2**, Stuttgart 1979.

Klostermann, E., **Das Markusevangelium, HNT 3**, Tübingen 1971.

Lagrange, M.J., **Evangile selon saint Marc**, Paris 1929.

Lane, W.L., **The Gospel according to Mark**, The New International Commentary on New Testament(NICNT), Michigan 1974.

Lohmeyer, E., **Das Evangelium des Markus, KEK 2**, Göttingen 1959.

Luhrmann, D., **Das Markusevangelium, HNT 3**, Tübingen 1987.

Mann, C.S., Mark, AncB 27, London/New York 1986.

Manson, T.W., **The Sayings of Jesus**, London 1957.

Pesch, R., **Das Markusevangelium, HThNT 2/1**, Freiburg 1984.

Schlatter, A., **Markus, der Evangelist für die Griechen**, Stuttgart 1935.

Schmid, J., **Das Evangelium nach Markus, RNT 2**, Regensburg 1936.

Schnackenburg R., **Das Johannesevangelium, HThK 4**, Freiburg 1985.

Schneider J., **Das Evangelium nach Johannes**, ThHK Sonderband, Berlin 1978.

Schnelle U., **Das Evangelium nach Johannes, ThHK 4**, Leipzig, 1998.

Schniewind, J., **Das Evangelium nach Markus, NTD 1**, Gottingen 1963.

Schweizer, E., **Das Evangelium nach Markus, NTD 1**, Gottingen 1989.

Taylor, V., **The Gospel according to St. Mark**, New Yokk 1966.

The New Jerome Biblical Commentary, R.E. Brown/J.A. Fitzmyer/R.E. Murphy 편집, London 1989.

Trocmé, É, *Evangile selon saint Marc*, Commentaire du Nouveau Testament II, Géneve 2002.

Wilckens U. *Das Evangelium nach Johannes*, NTD 4, Göttingen, 1998.

Witherington III, B., *The Gospel of Mark* a socio–rhetorical Commentary, Cambridge 2001.

예수의 논쟁사화